SŒUR

MARIE-ROSE DE VÉROT

DIRECTRICE

DU SÉMINAIRE DES FILLES DE LA CHARITÉ

1821-1894

PARIS

RUE DU BAC 140, A L'ÉCONOMAT

1896

SŒUR

MARIE-ROSE DE VÉROT

PARIS

IMPRIMERIE D. DUMOULIN ET Cie

5, rue des Grands-Augustins, 5

SŒUR

MARIE-ROSE DE VÉROT

DIRECTRICE

DU SÉMINAIRE DES FILLES DE LA CHARITÉ

1821-1894

PARIS

RUE DU BAC, 140, A L'ÉCONOMAT

1896

SŒUR

MARIE-ROSE DE VÉROT

Pour stimuler la ferveur déjà si généreuse de nos premières sœurs, saint Vincent leur disait un jour : *Où sont ces filles qui sont comme des mortes et qui sont des saintes ? On ne voit plus rien de tout cela.*

Le Seigneur, qui savait combien, en ce siècle d'orgueil et d'égoïsme, la petite Compagnie des servantes des pauvres aurait besoin d'un tel exemple, le lui a donné en ma sœur Vérot.

La mort à elle-même et à tout ce qui n'est pas Dieu, elle l'a trouvée, et elle a eu pour mission de la montrer aux autres dans les profondeurs de l'anéantissement, de la mortification et du détachement.

Elle avait reçu de la nature et de la grâce beaucoup de ce que le monde admire ; élévation de l'intelligence, rectitude du jugement, force de la volonté, grandeur de l'âme, elle avait tout cela. Une éducation soignée avait ajouté à tant de dons heureux la culture de l'esprit et la dignité des manières. Au sein d'une famille éminemment distinguée et chrétienne, elle avait des trésors de saintes affections et

aurait pu, dans une certaine mesure, en conserver la jouissance. Les occasions d'en amasser
d'autres ne lui ont pas manqué dans la vie de
communauté, où elle a rencontré tant d'âmes
que l'estime, la confiance, la reconnaissance
attiraient irrésistiblement vers la sienne. Mais
de tout, elle a dit : *Vanité des vanités !* Rien n'a
pu l'arrêter dans son travail de mort ; elle n'a
fait aucune réserve, et, ne connaissant plus que
« ce néant de la créature et ce tout de Dieu »
dont elle parlait si souvent, avec quelle joie
ne l'entendait-on pas répéter : *Vous avez rompu
mes liens, Seigneur, vous avez rompu mes liens!*

Dès le début, un obstacle avait semblé devoir
entraver son essor : c'était une grande timidité
qui, dans les souvenirs de sa famille et dans
les notes du séminaire, apparaît comme le trait
dominant de son caractère. Il suffit d'avoir
connu plus tard ma sœur Vérot pour comprendre ce qu'avait dû être, en particulier sur ce
point, la lutte de la grâce avec la nature, et
enfin la mort complète de celle-ci.

Mais, dans cette mort, notre chère sœur avait
trouvé la vie. *Ce n'était plus elle qui vivait, c'était
Jésus-Christ qui vivait en elle.* Par l'autorité de
sa parole et de ses exemples, Il épanchait ces
fleuves d'eaux vives auxquels tant de filles de
la Charité ont à leur tour puisé la vie éternelle.

Aussi, comme les enfants de la femme forte,
toutes les âmes que ma sœur Vérot a nourries

du lait spirituel et tout pur se sont levées et l'ont proclamée bienheureuse. Que leur vertu soit sa louange, et que son souvenir leur redise sans cesse l'admirable parole du grand évêque qui fut le disciple de notre saint Fondateur : *Aimer Dieu, c'est la vie; on ne saurait l'acheter par trop de morts.*

« Si la racine est sainte, saints aussi seront les rameaux. » Ces paroles écrites par ma sœur Vérot sur une image donnée à l'une de ses nièces au moment de son mariage, disent assez avec quelle sollicitude la divine Providence avait préparé de loin la sève qui devait être le premier aliment de cette grande âme. Sainte en effet était sa famille, et comme notre chère sœur le faisait elle-même, nous oublierons son antique origine, sa noblesse, les services rendus par plusieurs de ses membres à l'Église alors que les papes résidaient à Avignon, pour rappeler seulement qu'elle engendra une longue lignée de vrais chrétiens.

Le père de notre chère sœur, M. Célestin de Vérot, avait seize ans sous la Terreur. Exposé à mille dangers du corps et de l'âme, il traversa la fournaise révolutionnaire sans recevoir la moindre atteinte de ses flammes; au contraire, sa foi en sortit comme l'or du creuset, brillant d'un éclat plus vif et plus pur. Quand des jours meilleurs se levèrent pour la France, il épousa Mlle Françoise de Raoulx qui venait de supporter en chrétienne les tristesses et les privations de l'exil. Pendant qu'elle recevait le sacrement de confirmation dans les montagnes de la Savoie où sa famille s'était réfugiée, elle avait ressenti, disait-elle plus tard à ses petits-enfants, « comme une commotion du Saint-Esprit ». Elle en demeura pénétrée de sagesse, de force et de piété. Au soir de sa longue existence, à quatre-vingt-cinq ans, elle observait encore scrupuleusement les lois du jeûne et de l'abstinence, et, sur son lit de mort, à quatre-vingt-treize ans, ayant encore le plein usage de ses sens et de ses facultés, son dernier acte fut d'ôter de son doigt son anneau de mariage et de le remettre à sa fille aînée en disant : « C'est la seule chose à laquelle je sois attachée. Je veux mourir ne tenant à rien. »

Telle était la racine vraiment sainte d'où sortirent onze rameaux, onze enfants de bénédiction qui furent la consolation et l'honneur de ce père et de cette mère selon Dieu.

Celle qui parut entre tous, même dès son enfance, l'élue du Seigneur, MARIE-ROSE DE VÉROT, naquit le 4 juin 1821, et reçut le baptême dans l'église du petit village de Bernis, au diocèse de Nîmes. Destinée à communiquer à tant d'âmes les lumières de la foi et le feu de l'amour divin, elle devait en être éclairée et embrasée la première. A peine commença-t-elle à bégayer que des lèvres de sa pieuse mère, le nom de Jésus vint sur les siennes. Dès l'âge de trois ans, quand elle entendait commencer la prière qui se faisait en commun, matin et soir, dans cette demeure patriarcale, elle accourait spontanément, s'agenouillait, joignait les mains, et demeurait immobile jusqu'à la fin. Mais cela ne suffisait pas à l'attrait que déjà la grâce lui mettait au cœur. L'enfant avait surpris le secret de la piété de sa mère ; sitôt qu'elle la voyait retirée dans sa chambre et absorbée dans la prière, elle s'asseyait à ses pieds, le regard tourné vers la porte, et si quelqu'un entrait, elle faisait bien vite un signe suppliant qui disait : « Maman parle au bon Dieu ; ne l'interrompez pas. »

Mme de Vérot avait pour principe de ne conduire ses enfants à l'église, tant qu'ils étaient tout petits, qu'à titre de récompense, lorsqu'ils avaient été très sages toute la semaine. Jamais Marie-Rose ne mérita d'être privée de cette faveur. Jamais, se plaisait à dire sa mère dans un âge avancé, ses parents n'eurent à lui reprocher la plus légère désobéissance, ni ses frères et ses sœurs une taquinerie. Elle cherchait au contraire à leur éviter remontrances et punitions, se faisait leur arbitre et au besoin leur caution.

Les événements de 1830 obligèrent M. et

Mme de Vérot à quitter Bernis pour aller se fixer à Carpentras. De cette époque date l'entrée de notre chère sœur dans la voie parfaite. On la vit se préparer de loin à sa première communion avec une touchante ferveur. En même temps qu'au foyer domestique elle puisait cette forte éducation religieuse qui s'inspire plus qu'elle ne s'apprend et vient surtout de l'exemple, elle suivait les catéchismes de la paroisse et allait encore chercher une instruction chrétienne plus approfondie auprès des religieuses de Saint-Augustin. Elle prêtait une attention surprenante à ces enseignements de la foi; ses questions, ses réponses, l'émotion de ses traits faisaient assez comprendre que déjà l'Esprit divin se faisait son Maître et éclairait pour elle les vérités saintes de sa lumière. Plus jeune que la plupart de ses compagnes, elle les surpassait toutes en sagesse, en recueillement, et le curé de la paroisse, son confesseur, était ravi de ce qu'il voyait dans cette âme d'enfant, de pureté angélique, de foi profonde et de maturité précoce.

Marie-Rose fit sa première communion à l'âge de onze ans. Nous ne savons de ce grand acte de sa vie que ce que permettent d'en présumer et la ferveur qui l'avait préparé et la vie toute sainte qui en fut l'action de grâces. Alors que la communion fréquente était encore fort rare, surtout pour les enfants, elle la faisait régulièrement tous les huit jours, ajoutait à ses prières, s'essayait à l'oraison, et commençait à se former ces habitudes d'abnégation et de dévouement dont une pratique désormais ininterrompue allait faire en elle comme une seconde nature. La sage mère de famille élevait sérieusement ses enfants; ne souffrant rien en eux qui sentît la mollesse et la recherche, elle ne leur permettait pas de recourir aux services des domestiques, et exigeait par exemple que chacun cirât ses souliers. Marie-Rose, levée plus matin que les autres, allait à la dérobée chercher ceux de ses frères, les nettoyait et les remettait en place, se croyant ignorée, tandis qu'on savait bien qu'elle était seule capable de cette innocente ruse, dont on respectait le secret pour ne pas diminuer son plaisir. Si quelqu'un dans la maison était malade, Marie-Rose, trop jeune encore pour faire l'office d'infirmière, se constituait gardienne, et au moindre signe, elle rendait les petits services à sa portée ou bien courait chercher du secours.

Les pauvres l'attiraient; on eût dit à la voir compatir à leur état qu'elle en comprenait les souffrances. C'était d'ailleurs dans sa famille une tradition attestée par les archives de l'hôpital de Carpentras et fidèlement continuée par M. et Mme de Vérot. Dans leur domaine de Bernis, ils donnaient l'hospitalité aux pauvres passants. Cette pieuse coutume était souvent

l'occasion de charitables complots entre Marie-
Rose et l'un de ses frères. Le soir, avec l'approbation maternelle, ils convenaient ensemble
de faire le lendemain, dès l'aurore, une bonne
soupe pour que leurs malheureux hôtes d'une
nuit ne se remissent en route que bien récon-
fortés. Les deux enfants tenaient parole, et ils
n'avaient pas de plus grande joie que de préparer et de servir ce repas de la charité.

Marie-Rose avait à peine treize ans, lorsqu'une de ses jeunes sœurs tomba gravement
malade. Dès qu'elle comprit que la mort pouvait venir, s'élevant au-dessus de son chagrin
par les pensées de la foi, elle sollicita la faveur
de préparer la petite malade à faire sa première communion; elle l'instruisit, l'exhorta,
lui fit apprécier son bonheur, et avec une fermeté bien au-dessus de son âge, elle ne voulut
s'éloigner de ce lit de souffrance et d'agonie que
lorsque sa chère première communiante eut
pris son essor vers le ciel.

Dieu permettait ainsi que l'existence entière
de notre digne sœur Vérot fût contenue comme
en germe dans son enfance, éclairée par la
foi, vivifiée par l'amour, et puisant dans l'Eucharistie un besoin déjà insatiable de se donner
aux pauvres et aux âmes. Comme pour accentuer d'un trait plus marqué sa secrète préparation à la mission qui lui était réservée, la
divine Providence permit que, tirant un jour,

avec ses jeunes amies, des sentences de la
Sainte-Ecriture, elle reçut de celle qui lui échut
une impression qu'elle ne put oublier. Souvent,
depuis, elle se redisait à elle-même cette parole
sacrée : « J'enseignerai votre loi dans une
grande assemblée. »

En 1836, la famille de Vérot retourna dans le
Gard et s'établit à Saint-Gilles. C'est là que,
pour la première fois, notre chère sœur vit les
filles de la Charité. Jusqu'alors ses désirs de
perfection s'étaient tournés vers le Carmel ; ses
visites à l'hospice de Saint-Gilles lui eurent
bientôt révélé sa véritable vocation. En prendre
l'esprit et les pratiques, en faire les œuvres,
furent désormais toute son étude. Levée à cinq
heures, elle allait à l'église s'unir à Dieu dans
l'oraison et souvent la communion ; puis elle
portait Dieu aux malades dont elle pansait les
plaies, aux pauvres dont elle soulageait et consolait la misère. Dans l'intérieur de la famille,
elle travaillait sans cesse, se chargeant de tout
ce que les autres trouvaient ennuyeux ou pénible. Elle avait spécialement revendiqué le
soin du vestiaire, afin, disait-elle, de soulager
sa mère, mais aussi, ajoutent les notes fournies
par une de ses sœurs, « pour avoir l'occasion
d'être souvent seule et de travailler en union
plus intime avec Notre-Seigneur ».

Son plus doux délassement, le seul qu'elle
cherchât au dehors, était de décorer les autels

de l'église. Elle avait une prédilection marquée pour celui de l'Enfant-Jésus ; sa joie, au temps de Noël, était de le bien orner et d'y attirer le plus de monde possible. Encore un trait par lequel son âme se révélait, et qui devait s'accentuer si profondément qu'en présence de la mort, nous retrouverons la piété aussi tendre que forte de notre chère sœur doucement préoccupée des préparatifs de la fête de Noël.

Cependant sa vocation grandissait et devenait en son cœur un feu dévorant qui demandait d'autres aliments. Mais, de concert avec la sœur servante de la Maison de Charité de Nîmes, Marie-Rose avait reconnu que le devoir marquait pour quelque temps encore sa place au foyer domestique. Avec la même fermeté, elle contint d'abord l'ardeur intérieure qui la pressait, et puis, quand l'heure fut venue, fit connaître à ses parents l'appel de Dieu. Ce fut de part et d'autre un indicible déchirement. Jamais notre chère sœur n'avait contristé, si peu que ce fût, son père et sa mère, et tout à coup il lui fallait transpercer leur cœur du glaive de la plus sensible douleur. Eux, consternés en présence d'une réalité depuis longtemps redoutée, ne pouvaient se faire à la pensée de la séparation ; connaissant leur fille, ils s'effrayaient des profondeurs du renoncement dans lequel le don de sa vie à Dieu allait l'ensevelir. Mais la foi dont ces trois âmes étaient pénétrées dominant

les frémissements de la nature, elles consom-
mèrent leur sacrifice avec une égale générosité.

Parmi les sœurs qui composaient la petite
communauté de la Miséricorde de Nîmes quand
Marie-Rose de Vérot y fut admise pour postuler,
il s'en trouvait une qui avait à peine deux ans
de vocation. Sous l'impression toute vive des
enseignements du séminaire, elle fut frappée et
ravie de les retrouver en action dans la conduite de la jeune postulante. Aujourd'hui, à
cinquante-cinq ans de distance, elle aime à se
rappeler encore la surprise et l'édification qu'elle
en ressentit, l'estime respectueuse, presque la
vénération, que lui inspira dès lors une âme
qui, à ses débuts, réalisait le type de la fille de
la Charité tel qu'il est présenté au séminaire.

« Sœur servante et compagnes, écrit cette
chère sœur, toutes nous n'avions qu'une voix
pour apprécier le don fait par Dieu à la Communauté, à laquelle il était facile de prévoir que
cette jeune fille, à la fois si généreuse et si sage,
si énergique et si soumise, rendrait de grands
services. Elle allait au-devant de tous les devoirs, déployait une activité qu'aucun travail ne
pouvait lasser, et cependant elle procédait avec
ordre et réflexion, et demeurait toujours réservée, modeste et recueillie. Chargée de seconder
la sœur de la première classe, elle s'acquitta

parfaitement de cette tâche, mais sans se préva-
loir de son instruction solide et complète, sans
même en laisser voir plus qu'il n'en fallait pour
bien remplir son devoir. Ce qu'elle ambitionnait
le plus, c'était de soigner les pauvres teigneux
qui venaient se faire panser à la Miséricorde.
Dès qu'elle avait un moment libre, elle volait
vers ces infortunés, recherchant avec ardeur ce
que d'autres envisagent avec crainte et dégoût.
Avec nous, saint Vincent devait se complaire
dans les premiers essais de sa future fille.

« Au mois de juin 1842, à l'approche de son
départ pour Paris, son père vint la voir une
dernière fois. Alors, déjà tout en elle était pour
Dieu seul. Loin de céder à l'entraînement des
sentiments naturels que les moindres détails
contribuent à émouvoir en pareille circonstance, cette âme généreuse n'eut d'autre pensée
que de faire servir tout ce qui la crucifiait à
rendre son sacrifice plus agréable à Dieu. Le
matin de son départ, son digne père s'age-
nouilla à ses côtés à la Table sainte; puis, sous
ses yeux, elle déposa une belle corbeille de
fleurs aux pieds de la sainte Vierge, voulant
témoigner par là qu'elle offrait et confiait à cette
bonne Mère toutes les chères affections qu'elle
immolait au service de son divin Fils. »

Ce que fut le séminaire pour ma sœur Vérot,
elle devait le dévoiler plus tard dans l'une de
ses instructions :

Quand les religieuses font profession, disait-elle, on les couvre d'un drap mortuaire et on récite le *De profundis* pour indiquer qu'elles sont mortes au monde. De même quand un prêtre reçoit les ordres sacrés, il s'étend sur le pavé du sanctuaire, et quand il se relève, il ne doit plus être le même, car si on veut devenir l'instrument de Dieu, il faut que toutes les choses de la nature et du monde disparaissent. Or, nos sœurs, n'oublions pas que si nous n'avons pas les cérémonies du cloître, nous devons en avoir la perfection. Pour y parvenir, il faut donc, dès le début, c'est-à-dire pendant le temps du séminaire, se considérer comme sous un drap mortuaire. On y travaille à vous réduire, à vous faire mourir de bien des manières. Abandonnez-vous à cette grâce de mort : c'est le commencement de la véritable vie. Mourez à vous-même pour vivre à Dieu. Mourez à toutes les choses de ce monde, pour vivre à celles du ciel.

Ainsi le Maître par excellence avait enseigné à ses disciples que, sous peine de rester seuls et de ne porter aucun fruit pour leur sanctification et pour sa gloire, ils devaient se résoudre à mourir dans les profondeurs de l'anéantissement et de l'humiliation comme le grain de blé dans les entrailles de la terre. Sous l'action féconde de cette œuvre de mort, les germes précieux déposés par la grâce en l'âme de ma sœur Vérot se développèrent admirablement pendant son séminaire. Sa timidité lui servit comme d'un voile pour mieux se cacher, pour s'ensevelir plus profondément. Néanmoins, quand les Supérieurs l'envoyèrent à la Maison de Charité de la paroisse Saint-Sulpice, à Paris, ils savaient qu'ils lui donnaient ou plutôt lui prêtaient un trésor.

Une lettre adressée par notre chère sœur à l'un de ses frères, peu de temps après son arrivée dans cette maison, aux premiers jours de 1843, nous révèle quelque chose et de ses sentiments et de sa vie à cette époque. C'est au complice des secrètes bonnes œuvres de son enfance qu'elle écrivait :

Je te remercie de tes félicitations au sujet de ma prise d'habit. Oh ! oui, j'ai ressenti un vrai bonheur à me dépouiller de tout ce qui, en moi, se ressentait encore du monde. Puissé-je l'oublier entièrement et être à Dieu sans réserve !

Tu veux avoir quelques détails sur mon nouveau genre de vie. Eh bien, j'ai cinq à six heures de classe par jour. Je n'enseigne pas, comme tu penses, de grandes sciences. Cependant, toutes petites et cachées que nous soyons, le gouvernement ne nous laisse pas tranquilles ; il nous vexe tant qu'il peut pour favoriser les écoles mutuelles. Une vieille demoiselle est nommée pour inspecter nos écoles ; malheur à nous si elle trouvait des bonnets à l'envers ! Mais nous travaillons pour le bon Dieu, et peu nous importe le monde.

Je t'avoue que je suis émue jusqu'aux larmes aux offices de Saint-Sulpice. Comment ne pas admirer notre sainte religion, si belle dans ses cérémonies, si douce dans les émotions dont elle pénètre les cœurs ! Je puis te dire cela à toi qui comprends toutes ces choses et qui conserves les bons principes de ton enfance. Je t'en félicite. Après tout, la vie passe : un jour de bonheur, un jour de peine ; tâchons de tout faire servir à notre salut éternel.

Dis à nos chers parents de ne pas rire en se représentant leur petite fille se promenant seule dans les rues de Paris. Je suis quelquefois à me demander si c'est bien moi. Du reste, Paris ne me fait pas plus d'impression que le dernier village. Je tâche d'y bien servir le bon Dieu et les pauvres ; voilà tout ce qui m'occupe.

C'était une sœur de vingt-deux ans qui écrivait ainsi, et encore un peu plus tard :

La plus grande partie de mon temps se passe au milieu de mes petites filles. Le reste est consacré à la prière et aux petits emplois dont je suis chargée dans la maison. Je n'ai pas un moment d'ennui et je ne changerai pas ma position pour tout au monde. Lorsque je vois le grand train des riches, des heureux selon le monde, je ne puis m'empêcher d'admirer la conduite de la Providence sur les filles de la Charité, mille fois plus heureuses dans leur état pauvre et inconnu que tous ceux qu'elles voient, parfois de bien près, jouir de tous les plaisirs de la vie, tant il est vrai que plus on se rapproche de Dieu, plus aussi on goûte le seul vrai bonheur qui se puisse trouver sur la terre.

Quelques mois après, sollicitée sans doute par l'un des siens de faire quelque démarche en sa faveur, notre jeune sœur répondait :

Je ne puis m'empêcher de rire quand tu me demandes ma protection. Si tu savais ce qu'est une pauvre fille de la Charité, surtout dans Paris. La ville est son cloître, et tout son soin doit être de se cacher, de cacher ce qu'elle est, d'où elle vient, et tout ce qui a pu l'occuper dans ce monde. Mais en revanche, elle est bien libre avec le bon Dieu, elle peut tout lui dire, et sois assuré qu'auprès de lui, je ne t'oublie pas. Lorsque ma classe est finie et que mes enfants font la prière, alors ma pensée se porte vers ceux que j'aime et que j'ai quittés pour Dieu, et nous disons avec toute la ferveur possible un *Souvenez-vous* à la sainte Vierge.

« Mort au monde et saint dégagement du « cœur », pouvait dire, en ces dernières années, notre digne sœur Directrice dans une de ses belles instructions, « vous êtes les ailes de la « colombe chantées par le Roi-Prophète. Prenez-« les, nos sœurs, ces bienheureuses ailes, et « vous volerez, et vous vous reposerez en Dieu. »

Dans ce doux et mystérieux repos de l'âme détachée, que notre chère sœur s'était déjà assuré par le sacrifice, aux premiers jours de sa vie de communauté, elle puisait les ardeurs d'un zèle et d'une activité qui ne connaissaient point de lassitude. Comme elle l'écrivait, il n'y avait plus pour elle au monde que Dieu et les pauvres, mais à leur service, elle se dépensait sans mesure. Comprenant la grandeur et les responsabilités de son office de maîtresse d'école, elle y appliquait toute son intelligence, tout son cœur, toutes ses forces. Néanmoins, au début, les résultats furent loin d'être proportionnés à son dévouement.

Il y a peu d'années, une de ses premières élèves s'adressant à une sœur de la Maison-Mère, lui demandait d'un air de doute et d'inquiétude : « Est-ce que ma sœur Vérot tient bien son grand « séminaire ? » Et sur la réponse qui se peut

aisément deviner, cette bonne dame reprit :
« Ah! c'est que je l'ai eue pour maîtresse quand
elle est arrivée à Saint-Sulpice! Nous n'étions
qu'une poignée d'enfants; mais elle était si timide, si timide, qu'elle n'osait pas nous imposer
silence. Et vous pensez si nous en profitions! Il
est vrai que j'ai entendu dire par celles qui sont
venues après moi qu'elle avait bien changé.
D'ailleurs, même au commencement, quand elle
faisait le catéchisme ou expliquait l'histoire
sainte, elle parlait si bien que nous étions sus-
pendues à ses lèvres; on aurait entendu voler
une mouche dans la classe. »

Peu à peu, en effet, par l'effort de son énergique vertu, notre chère sœur parvint à se sur-
monter elle-même, et par suite à dominer ses
élèves. La discipline et le bon ordre régnèrent
dans sa classe, les progrès y furent marqués.

Mais aux yeux de la pieuse sœur Cécile, tout
cela n'était qu'autant de moyens de préparer les
voies au Seigneur dans ces petites âmes, que
son unique but était de former, d'élever pour le
ciel. Aussi dans son enseignement, tout était
imprégné d'esprit chrétien; ses instructions religieuses, solides et attrayantes à la fois, se gra-
vaient si bien dans l'esprit de ses petites éco-
lières et allaient si droit à leur cœur, que le soir,
elles les répétaient à leur famille avec un entrain
et une onction qui leur assuraient l'attention.
Cependant la jeune maîtresse constatait sous ce

rapport une profonde lacune. Elle avait à sa portée les éléments voulus pour la combler, mais il ne lui était pas permis d'en user. Après avoir quelque temps gémi en silence et prié, sûre de remplir un devoir et puisant dans ce sentiment le courage de s'élever au-dessus de sa timidité, elle vint trouver le Directeur de la Communauté, qui était alors M. Grappin. Elle lui exposa qu'un motif de prudence avait fait établir que les enfants de l'école de Saint-Sulpice seraient accompagnées, non par une sœur, mais par une personne de confiance, aux catéchismes de la paroisse, faits par des séminaristes. Or, la bonne fille à laquelle on les confiait alors n'ayant aucun ascendant sur elles, il en résultait que les enfants, inattentives et dissipées, écoutaient peu et ne retenaient rien. De plus, il ne pouvait y avoir entre l'enseignement donné à l'école et celui de l'église, ignoré de la maîtresse, l'unité qui semblait devoir ajouter à la force de l'un et de l'autre. M. Grappin écouta, promit de réfléchir, de se concerter avec qui de droit, et il ne tarda pas à autoriser l'innovation désirée, au moins à titre d'essai, parce que, dit-il à la sœur servante de Saint-Sulpice, « avec ma sœur Vérot, nous n'avons rien à craindre ».

Autant jusque-là les élèves des sœurs avaient exercé la patience des catéchistes, autant désormais elles réjouirent leur zèle. Un courant de pieuse émulation circula dans leurs rangs. C'était à qui étudierait davantage, à qui écouterait le mieux les explications données par sœur Cécile pendant la semaine pour mieux répondre le dimanche. Auparavant, les élèves des sœurs n'avaient jamais fait ce résumé des catéchismes qu'on appelle des diligences ; il leur fallut s'y mettre. Les débuts furent laborieux, surtout pour la maîtresse qui ne laissait rien recopier sans qu'elle l'eût corrigé ; partout, à tous les moments libres que son activité savait multiplier, on la voyait, ses chères feuilles et son crayon à la main. A mesure que ses enfants s'exercèrent à ce travail, sa tâche se simplifia ; dès la fin de la première année, après des examens qui prouvèrent à quel point cette impulsion avait élevé le niveau de l'enseignement chrétien, aussi bien parmi les petites filles riches que parmi les pauvres, les catéchistes, radieux, disaient à ma sœur Cécile : « Oh ! ma sœur, quelle bonne année ! » Quelques autres, toujours meilleures, suivirent celles-là.

Quand venait Noël, notre chère sœur, fidèle à sa dévotion à Jésus naissant, lui préparait, dans la chapelle des catéchismes, une crèche où il recevait des hommages qui devaient lui être bien agréables, car à mesure que l'intelligence des enfants s'ouvrait aux vérités saintes, la foi vraie, la foi féconde en œuvres poussait de profondes racines dans leur âme. Aussi les éminaristes chargés de l'œuvre des catéchismes

pendant cette ère de renaissance en conservè-
rent un profond souvenir. Il en est qui, élevés
à de hautes dignités ecclésiastiques, venaient
encore, de longues années après, voir notre
chère sœur Directrice, et de part et d'autre, on
se hâtait d'oublier les sollicitudes et les devoirs du présent pour faire revivre les pures
joies, les suaves consolations du catéchisme
de Saint-Sulpice.

Enseigner la vérité, donner Jésus-Christ aux
âmes, c'était de plus en plus l'attrait dominant,
l'insatiable faim de notre chère sœur. Ayant rencontré une pauvre fille de dix-sept ans, sans
asile, elle l'interroge, constate qu'elle n'est chrétienne que par le baptême, qu'elle ne sait rien
de la religion, et que l'ignorance, l'abandon et
la misère l'ont conduite au mal. Émue de pitié,
ma sœur Vérot ne voit, dans l'inintelligence de
cette malheureuse enfant, qu'un stimulant de
plus pour son zèle. Elle obtient la permission
de l'instruire après sa classe, et, à force de temps,
de prières et de patience, elle finit par triompher
de cette nature inculte et rebelle. Au lendemain de sa première communion, la pauvre fille
transportée de joie, s'en allait chercher des compagnes de son ancienne misère et les conduisait
à ma sœur Cécile, sûre, disait-elle, que toutes
les richesses du monde ne lui seraient pas un
meilleur remerciement, ni une aussi belle récompense.

Ainsi les âmes qui approchaient notre chère sœur se sentaient aimées, mais d'un amour surnaturel, s'oubliant soi-même pour ne chercher que la gloire de Dieu. Elle donna de cette parfaite abnégation au service de Notre-Seigneur et des âmes un exemple admirable à l'occasion de ses premiers vœux. Leur date coïncidait avec celle de la première communion à Saint-Sulpice. Pour faire sa retraite, il lui aurait fallu se séparer de ses enfants au moment où la grande œuvre de leur préparation rendait sa présence auprès d'elles plus nécessaire. Négliger la sienne en se privant de la grâce de la retraite avant les vœux lui semblait également impossible. Avec l'approbation des Supérieurs, elle n'hésita donc pas à faire une application méritoire entre toutes de la maxime de saint Vincent : « Quitter Dieu pour Dieu. » Elle, si saintement empressée de se consacrer à Notre-Seigneur, retarda volontairement son bonheur de deux mois, pour offrir au divin Époux, avant son propre holocauste, des cœurs bien purs, des tabernacles bien ornés.

L'office qu'elle jugeait digne d'un tel sacrifice, les enfants qu'elle aimait comme une mère aux dépens d'elle-même restèrent toujours à ses yeux l'une des plus belles parts de l'héritage des filles de la Charité. Elle en parlait avec des paroles enflammées dans ses instructions du séminaire, et elle a laissé une forte empreinte de l'élévation de ses vues à ce sujet dans le *Ma-*

nuel des Écoles. Appelée à faire partie de la commission chargée de rédiger cet excellent traité d'éducation, elle contribua dans une large mesure à en faire un parfait abrégé des devoirs de la maîtresse d'école selon le cœur de Dieu et de saint Vincent. Lorsque, dans ces derniers temps, les nouvelles exigences pédagogiques obligèrent la Communauté à demander des sacrifices, soit pour multiplier les brevets, soit pour établir l'unité d'enseignement au moyen de catalogues, de programmes, de concours, ma sœur Vérot sentit se réveiller l'ardeur de ses jeunes années pour ces questions qui lui étaient demeurées chères. Elle contribua de tout son cœur et de toute son expérience à procurer la réalisation des désirs de ses Supérieurs.

Ceux qui gouvernaient la Communauté en 1849 mirent donc son obéissance à la plus sensible épreuve en l'enlevant à sa chère école. « Je vous félicite, écrivait-elle vingt-trois ans après à une sœur, d'être encore auprès des enfants. Pourquoi, quand quelques années ont donné une petite expérience de cet excellent office, s'en retirerait-on de soi-même ? C'est alors qu'on peut faire un bien solide. Le diable sait bien, lui, que l'expérience est un vrai trésor quand on conduit la jeunesse, et c'est pour cela qu'il tente les maîtresses d'école de dégoût et d'ennui. » Il essaya, au contraire, de la tenter de regrets, mais ses efforts échouèrent contre la simplicité de cette âme toute à Dieu.

Ma sœur Buchepot, tandis qu'elle secondait la digne Mère Marthe au séminaire, avait discerné ma sœur Vérot entre toutes les jeunes sœurs qu'elle y avait vu passer. Devenue première directrice, elle témoigna le désir de l'avoir comme sœur d'office. Entre ces deux âmes, que tant d'analogies rapprochaient et qui devaient en venir à se fondre, pour ainsi dire, l'une dans l'autre, des rapports intimes s'établirent tout d'abord. La différence d'âge et de situation leur imprima nécessairement au début un caractère de soumission et de confiance filiales du côté de ma sœur Vérot, et de direction, d'affection maternelles de la part de ma sœur Buchepot; mais l'entente était déjà complète, et quand la jeune sœur d'office allait s'humilier aux pieds de la vénérée directrice du vide que laissait en son cœur l'absence des enfants et des pauvres, la réponse virile qu'elle recevait était précisément celle qu'elle désirait, la seule qu'elle comprit : « Ici, il faut renoncer à tout, il faut mourir; mais c'est pour glorifier Dieu et faire sa volonté. »

Les sœurs du séminaire, frappées de l'air modeste de la nouvelle sœur d'office, l'appelaient *la petite violette*, et cinq ans après, quand elle fut nommée troisième directrice, les jeunes sœurs se plaisaient à dire qu'avec ma sœur Buchepot et ma sœur Azaïs, elle formait une vivante personnification de l'esprit de notre saint état : le grand cœur et la parole de feu de ma sœur Buchepot rayonnaient de charité; ma sœur Azaïs rappelait la bonne simplicité de nos premières sœurs, et ma sœur Vérot continuait à répandre le parfum de l'humilité.

« Quand j'arrivai au séminaire, écrit une sœur qui a aujourd'hui quarante-deux ans de vocation, je fus frappée de la bonté respectueuse avec laquelle ma sœur Vérot parlait aux petites sœurs. En classe, au catéchisme où nous ne nous lassions pas de l'entendre, sa patience était admirable. »

A cette époque d'heureuse mémoire, le séminaire prenait, d'année en année, de merveilleux accroissements. La nécessité d'une organisation intérieure adaptée à ces développements s'imposait. La sagesse de ma sœur Buchepot y pourvut ; mais pour réaliser le plan élargi qu'elle avait conçu, tout en respectant les vieilles et saintes traditions dont elle s'était pénétrée auprès de la bonne Mère Marthe, elle devait s'en remettre à ses deux auxiliaires.

Ma sœur Vérot, tour à tour troisième et deuxième directrice, eut successivement sous sa surveillance immédiate tous les offices du séminaire, alors qu'ils s'établissaient comme ils le sont aujourd'hui. Elle passait dans chacun de longues heures, en étudiant et en réglant le fonctionnement jusque dans les moindres détails. Mais bien que son esprit de foi lui fît attacher une grande importance à ce côté matériel, sauvegarde du bon ordre, qui doit être l'ornement de la maison de Dieu, elle ne lui sacrifiait rien de ses autres obligations. Dans l'intervalle des exercices de la communauté et du séminaire, chacune de ses heures avait son emploi déterminé; pas une minute n'était mise en réserve pour quoi que ce fût de personnel, tout était pour le devoir.

En avançant à grands pas dans cette voie de renoncement, notre chère sœur se rapprochait de plus en plus de celle qui était son guide et son modèle ; entre elle et ma sœur Buchepot, la distance allait toujours diminuant. Enfin, après dix-sept années passées ensemble dans les hautes régions de la foi et du sacrifice, leur union devint si étroite, et Dieu, qui l'avait ménagée et qui en était la seule fin, en retirait une telle gloire, qu'il semblait que la mort seule pourrait séparer ma sœur Buchepot et ma sœur Vérot l'une de l'autre, et les enlever toutes deux au séminaire.

Mais il était un témoignage d'amour qu'elles n'avaient pas eu l'occasion de donner à Notre-Seigneur, une instruction et un exemple qui devaient surpasser tout ce qu'elles avaient enseigné.

Il y a peu d'années, une sœur, que certaines
apparences faisaient injustement soupçonner
d'avoir trompé la confiance des Supérieurs,
allait chercher conseil et consolation auprès de
la digne sœur Vérot. Celle-ci se recueillit un
instant; puis elle dit d'un air grave et pénétré :
« La confiance des Supérieurs est un trésor.
Mais Dieu, qui a des secrets admirables pour
façonner ses élus, se plaît parfois à changer ce
bien précieux en une source d'amertume, autant
pour ceux qui le donnent que pour ceux qui le
reçoivent. Sa volonté, comme un glaive à deux
tranchants, sépare ce qu'elle avait uni, et fait
des deux côtés de divines blessures. Oh ! qu'il
fait bon alors avoir toujours agi avec un saint
dégagement de la créature, et s'être habitué à
voir et à bénir en toutes choses la conduite de
Dieu ! »

Ce que ma sœur Vérot disait vers la fin de sa
vie avec un accent d'éloquente persuasion, où
l'on sentait vibrer l'émotion d'un souvenir personnel, elle l'avait en effet expérimenté en 1866.
Trois mois avant que ma sœur Buchepot quittât
le séminaire, où, pendant vingt-neuf ans, elle
avait donné à des générations toujours plus
nombreuses une impulsion qui restera une des
belles pages de l'histoire de la Compagnie, ma
sœur Vérot s'en allait à l'hôpital de Fontenay-le-
Comte. Elle partit sans une hésitation, sans
une plainte, avec la généreuse simplicité de

l'âme qui « s'est habituée à voir et à bénir en toutes choses la conduite de Dieu », laissant pour souvenir à chaque sœur d'office une simple petite carte sur laquelle elle avait écrit à la hâte : « Rien ne me plait qu'en Jésus-Christ. »

« J'étais à la Miséricorde de Fontenay, écrit une sœur, lorsque ma sœur Vérot fut envoyée comme sœur servante à l'hôpital, et j'eus le bonheur de la recevoir la première. Un soir, conduisant quelques élèves en retard, je l'aperçus dans la rue, son petit sac noir à la main, guidée par un enfant de l'asile. Je n'en pouvais croire mes yeux, et cependant c'était bien elle. « Comment, ma sœur, m'écriai-je, c'est vous ! « Vous qui ne sortez jamais du séminaire !... « Mais où allez-vous ? » Me reconnaissant aussitôt, et m'appelant par mon nom, elle me répondit : « Je vais accomplir la volonté de Dieu. » Puis, tout à coup, son visage, naturellement sérieux, s'illuminant : « Je suis heureuse, ajouta-« t-elle ; comme Notre-Seigneur dans la Judée, « je suis reçue par les enfants. » En effet, elle était entourée par celles que j'accompagnais, et, dès sa descente de voiture, le petit garçon qui l'escortait lui avait offert de la conduire à son asile, à sa sœur Joseph, et la digne sœur Vérot, toute remplie d'esprit de foi, avait accepté, pensant à son ange gardien. Ce petit trait, tout simple qu'il soit, ne s'est jamais effacé de ma mémoire. D'ailleurs, celle que nous regrettons ne l'avait pas oublié non plus, car, quinze ans après, elle demandait encore des nouvelles de son petit guide ; et puis, des saints on aime à se rappeler les moindres souvenirs !

« Depuis ce premier instant jusqu'à son départ, ma sœur Vérot ne cessa de nous édifier par sa prudence et son amoureuse soumission à la volonté de Dieu, manifestée par les Supérieurs. Son passage à Fontenay, pour avoir été de trop courte durée, à notre gré, n'en fut pas moins fécond en fruits de grâces. Elle fit du bien à tous, aux sœurs qui, en l'approchant, et surtout en l'écoutant, sentaient se raviver le feu sacré du séminaire ; aux personnes du monde qui ne pouvaient être en rapport avec elle sans en ressentir une impression profonde ; aux pauvres qui la bénissent encore ; aux orphelines qui, sous sa direction, devinrent de véritables modèles. Son système d'éducation avait pour bases l'horreur du péché, le souvenir de la présence de Dieu, le sentiment du devoir. Mais sur ce fond austère, quel rayonnement de bonté ! Un jour de foire, étant allée voir nos sœurs de l'hôpital, je trouvai les orphelines que leur prudente mère n'avait pas jugé à propos de laisser sortir, installées dans le joli bosquet de l'établissement : les aînées avaient

devant elles des tables couvertes des objets
que les enfants convoitent en pareil jour, et
faisaient l'office de marchandes; les plus jeunes
achetaient ce qui était de leur goût aux dépens
de leur bonne mère qui contemplait avec ravissement cette scène charmante. »

De leur côté et à bien plus juste titre encore,
les sœurs de l'hôpital nous ont envoyé leurs
remarques :

« Notre digne sœur Vérot, venant ici du séminaire, disent-elles, prit la conduite de notre
maison avec une simplicité et une humilité
touchantes. Nous avions alors de vénérables
anciennes auxquelles elle sembla apporter une
seconde jeunesse. Mais aussi quelle délicatesse
à leur égard ! Quelle déférence pour leurs sentiments ! quelle prévenance pour leurs besoins !

« Si nous cherchons quelle était sa principale
vertu, sans hésiter nous disons : l'humilité ;
mais, au témoignage de l'aimable saint François de Sales, « quand l'humilité est dans une
« âme à un très haut degré, toutes les autres
« vertus la suivent comme les poussins suivent
« la mère poule ». Aussi, tandis que le mépris de
soi-même et l'oubli total de tout ce qui lui était
personnel nous étonnaient en notre chère et
digne sœur, sa charité nous ravissait et enlevait
tous les cœurs, non vers elle, mais vers Dieu.

« Admirable dans le discernement dont elle
savait user pour la direction de chacune de

nous, elle possédait le talent si rare de recevoir toutes les confidences et de remédier à toutes les petites misères, sans qu'on pût découvrir si elle avait été avertie par d'autres que par Dieu. Si sa fermeté pour l'observance de la règle et l'accomplissement du devoir avait parfois les apparences de la rigidité, sa sollicitude avait des délicatesses et des tendresses dont nous ne pouvons nous souvenir sans verser des larmes.

« Son zèle était si généreux que rien ne pouvait le décourager. Cependant elle ne se chargeait point des âmes si Dieu ne les lui amenait; mais une fois la volonté divine connue, sa vigilance, ses pieuses industries, son dévouement dépassaient toute expression. C'était surtout avec les âmes faibles, chancelantes dans le bien, qu'elle se surpassait. Après des chutes, des résistances, des preuves évidentes de mauvaise volonté, c'était la même douceur, la même patience à supporter et à exhorter. On l'a vue, la veille des grandes fêtes, accablée d'ouvrage, de demandes, d'interruptions, garder plusieurs heures de suite une âme tentée qui lui doit son salut éternel.

« Toujours occupée, l'œil à tout, le cœur en haut, si elle avait un moment de trève, elle nous parlait de Dieu. Alors, on sentait le rayonnement intérieur d'une âme d'où le créé a disparu et où Dieu règne seul. Si l'on pense à sa simplicité, c'est un repos d'esprit : jamais un biais, un soupçon; auprès d'elle, les cœurs étaient au large ; tout était facile, aisé, tout respirait la paix.

« Avec les enfants, elle ne voulait guère de rigueur, mais une sage lenteur à punir et même à reprendre en public. Elle allait d'abord à la racine du mal, et lorsque le péché était banni du cœur, les défauts de caractère et d'éducation disparaissaient bientôt.

« Douée à un rare degré de l'intelligence du pauvre, elle s'identifiait avec ses peines, ses souffrances, trouvait le mot qui console ou qui apaise, le secours le mieux approprié au besoin du moment. Nos malades s'épanouis-saient à sa vue ; elle savait les distraire, deviner leurs désirs, et elle descendait dans les plus minutieux détails de leur service. Rien n'affligeait son cœur comme un oubli, une négligence à leur égard. Mais si on allait jusqu'à manquer de douceur et de respect envers un pauvre, elle paraissait ne pas même comprendre, et son étonnement était toute une révélation.

« Après vingt-quatre années d'absence, son souvenir est présent dans la maison ; ses exemples y vivent encore et nous maintiennent dans la simplicité qu'elle aimait tant ! »

Le secret de cette conduite si prudente et si simple, si virile et si douce, ma sœur Vérot l'a dévoilé dans des lettres adressées plus tard à de jeunes sœurs servantes qui, après avoir reçu

ses enseignements au séminaire, la conjuraient
de les initier encore à l'art aussi difficile qu'important de la direction des âmes et des œuvres.

Elle écrivait à l'une :

Habituez-vous à descendre vingt fois par jour, c'est-
à-dire très souvent, dans votre néant; vous n'êtes point
là à cause de votre mérite, mais par une suite de circonstances qui ont manifesté la volonté de Dieu. Ne
vous attachez pas à une certaine liberté de volonté inhé-
rente à votre charge; en réalité, cette liberté apparente
n'en est pas une, à cause de l'obligation qu'ont ceux
qui gouvernent de se tenir sous la main de Dieu. C'est
un office bien délicat que d'être comme le canal des
grâces ; si l'orgueil met des entraves, qui en répondra?
Habituez-vous donc à détourner votre esprit et votre
cœur de toute complaisance dans cette liberté d'action,
dans cette position au-dessus des autres. Si vous n'y
preniez garde, tout cela pourrait vous être comme un
couteau dans la main d'un petit enfant. Mais après
avoir désavoué les retours de la nature, rejetez-vous en
Dieu avec une entière confiance et un parfait abandon.
Agissez sous l'impulsion du Saint-Esprit ; invo-
quez-le souvent dans votre intérieur ; c'est ce qui rend
facile la conversation toute de Dieu. Ainsi, en vous écrivant, je ne prétends pas le faire de moi-même : qu'est-ce
que la créature? Mais j'espère que l'Esprit-Saint vous
éclairera sur ce qu'il vous dit lui-même : méprisez l'orgueil. perdez-vous dans votre néant et dans le bon plaisir divin.

Quant à ce qui regarde votre extérieur, il faut promptement travailler à le réformer. Que tout en vous soit
calme, sérieux, et cependant gracieux, aisé, sans aucune
affectation. Oh ! je vous en prie, point d'affectation. Ce
qui est affecté est si opposé à l'esprit de la Communauté

que nous devons être décidées à n'en rien supporter en nous.

A une nouvelle sœur servante dont la devancière avait fait le bien et laissé d'excellents souvenirs :

Puisque la situation de la maison où Dieu veut que vous le serviez est bonne, ceci vous donne le temps de travailler à votre œuvre personnelle. Le travail sur vous-même est le plus pressé pour le moment, et je l'estime tellement important que je ne crains pas de vous dire de regarder le gouvernement de vos sœurs comme un chariot bien lancé auquel le premier venu donne un coup pour le faire avancer. Bornez-vous à examiner toutes choses sans rien blâmer; instruisez-vous, réfléchissez beaucoup, laissez aux autres une certaine latitude, et vous, soyez très régulière, surtout en ce qui concerne les exercices de piété. Le souvenir de celle qui vous a précédée ne peut produire que du bien ; ramenez-le donc souvent dans vos conversations. Cette façon d'agir rassurera et vous couvrira comme d'un manteau.

A une autre :

Où en est votre cœur ? Le fixez-vous en Notre-Seigneur par une confiance qui va jusqu'au complet abandon ? Croyez-moi : livrez-vous sans réserve à Celui qui ne vous manquera jamais. C'est ainsi qu'une sœur servante devient une colonne d'airain dans la maison de Dieu, soutenant tout ce qui l'entoure par la fermeté de sa vertu. Il ne faut pas vous troubler si tout n'est pas parfait; ordinairement ce qui est parfait et achevé s'en va au ciel. Supportez donc l'imperfection sans impatience. Il y a de si grandes différences entre les âmes ! L'important est de saisir le fort et le faible de chacune et de ne jamais leur demander ce qui ne leur a pas été donné. Celle qui semble défectueuse au premier abord paraît tout autre quand on l'étudie sans passion. L'esprit de Dieu et la charité découvrent ces nuances ; aussi M. Boudon aurait-il voulu qu'on ne mît à la tête des maisons religieuses que des personnes mortes à elles-mêmes.

La mort à soi-même, la guerre à la nature, c'est toujours le premier et le dernier mot de notre chère sœur :

L'art de bien conduire est rare, écrivait-elle encore, parce qu'en général on ne sait pas se conduire soi-même ; la prudence manque, on se fait un plan selon la nature, et la pauvre maison se remplit de sœurs fort naturelles, gouvernées par une sœur servante qui l'est encore davantage.

Mais si ma sœur Vérot ne dissimulait pas l'austérité des devoirs, elle montrait la source où elle puisait si abondamment la force de les remplir :

Plaise à Notre-Seigneur vous assister ! Rien ne manque lorsque le divin Maître s'en mêle. Aussi une sœur servante doit souvent aller frapper à la porte du saint Tabernacle, si ce n'est par un acte formel, du moins par le cœur. Que votre piété se rallume souvent à ce foyer d'amour. Que votre travail soutenu par la prière soit votre pain de chaque jour. Ainsi vous ne manquerez jamais de l'aliment qui vous est nécessaire pour vivre de cette vie de charité qui doit être l'âme de vos œuvres.

Ces enseignements n'étaient que le fruit de

l'expérience, l'histoire de l'âme et de la vie de ma sœur Vérot durant les cinq années fécondes et bénies de son passage à Fontenay. Toute à ses compagnes et à ses pauvres, elle semblait n'avoir connu d'autre horizon que celui de son hôpital. Elle y donnait et goûtait le bonheur, lorsque, le 18 juin 1871, la Communauté, qui ne l'avait pas oubliée, vint l'y chercher et l'appela par ses suffrages à la charge d'Économe.

Les circonstances qui ramenaient notre chère sœur à la Maison-Mère ne ressemblaient guère à celles dans lesquelles elle l'avait quittée. Mais en elle, rien n'était changé : au retour comme au départ, ce fut la même sagesse, le même abandon à la conduite de Dieu. Grandie par l'épreuve aux yeux de toutes les personnes qui, auparavant, appréciaient déjà son mérite, ma sœur Vérot se vit entourée de respect et d'affection. L'écho des témoignages qui lui en furent donnés se répandit au loin; une de ses anciennes compagnes du séminaire lui en écrivit son bonheur. Elle lui répondit :

..... Quant à la joie manifestée ici à mon arrivée, je ne sais à quoi l'attribuer. Laissons tout cela ; je suis lasse de m'occuper de moi et lasse que les autres s'en occupent. Bienheureux Fontenay, que j'ai perdu en te perdant !

Cependant à la voir agir, on n'aurait pu la

soupçonner d'aucun regret. En tout et du matin au soir, vaillante et sereine, elle était appliquée à son devoir du moment comme s'il eût été et dût toujours être l'unique occupation de sa vie. Attentive à ce qui était de son domaine à la Maison-Mère, elle ne négligeait aucun détail, donnait à chacun une part de sage sollicitude, au besoin d'action personnelle, et rendait ainsi le travail facile aux sœurs placées sous sa direction. La plupart l'avaient connue au séminaire; avides de l'entendre encore parler de Dieu, elles la supplièrent de leur accorder la faveur d'une heure de catéchisme par semaine. Le dimanche donc, dans l'intimité d'une petite réunion de famille, les sœurs de l'Économat savouraient cette forte parole qui les avait nourries aux premiers jours de leur vocation, et elles sortaient de ces entretiens délassées des fatigues de la veille, animées d'une nouvelle ardeur pour celles du lendemain.

Émue de l'assujettissement de leur office, notre digne sœur ne cherchait pas seulement à les soutenir par les vues de la foi et les exhortations au sacrifice, mais elle s'ingéniait encore à leur alléger le joug du Seigneur par mille bontés, mille délicatesses, dont il semblait surprenant que son austérité pût avoir l'intuition. Ce qu'elle se refusait impitoyablement à elle-même, elle le permettait, elle le donnait aux autres avec une largeur et une effusion qui, partout où elle a passé, ont fait régner le bonheur.

Les admirables progrès de nos missions exigèrent à cette époque une nouvelle organisation de l'office plus spécialement chargé de ce qui les concerne. C'était une œuvre à la fois délicate et importante; le tact de ma sœur Vérot et son zèle ardent pour la gloire de Dieu et le salut des âmes en aplanirent les difficultés. Cet office, moins à cause des soins qu'il lui avait coûtés que pour les services qu'il rend aux missionnaires et aux sœurs de l'étranger, demeura l'objet de ses prédilections. Pour le même motif, une de ses occupations préférées était la correspondance que sa charge d'Économe lui attirait de toutes les plages lointaines. Elle y consacrait le plus de temps qu'elle pouvait, ne se bornant pas à traiter les affaires, mais donnant des nouvelles des Supérieurs, des deux Maisons-Mères, et laissant toujours échapper quelques étincelles du feu divin qui la dévorait.

« Ses lettres, écrit l'une de celles qui en ont reçu, mettaient toute une maison en fête et en ferveur. L'ennui qui parfois envahit l'âme à l'étranger, se dissipait; on se sentait moins loin de la patrie et plus près du ciel, et je ne serais pas surprise que plus d'une sœur ait dû à ces chères missives, la grâce de la persévérance dans sa seconde vocation. »

Si utilement occupée au dedans, ma sœur Vérot n'en était pas moins prête à tout quitter au premier signe pour aller au dehors, remplir les nombreuses missions confiées par les Supérieurs à sa prudence. Les bénédictions de Dieu l'accompagnaient; elles étaient là récompense de son humilité et de sa charité

« Lorsque notre vénérée sœur Vérot était Économe, écrit une sœur servante, j'eus le bonheur d'être conduite par elle à une petite maison qui venait à peine de s'ouvrir. Dès le premier coup d'œil, je compris que la pauvreté, l'isolement et mille difficultés allaient être mon partage. Effrayée, reculant devant le sacrifice, je m'écriai : « Ma sœur, il est impossible que « je reste ici ; je vous en supplie, ramenez-moi « avec vous ! » Deux grosses larmes s'échappèrent des yeux de ma sœur Vérot, tandis qu'elle me disait : « Non, un échange suffit. Je reste à « votre place; vous irez prendre la mienne. » Mais avant qu'elle eût achevé, j'étais à ses pieds, la conjurant de me pardonner ma faiblesse et de m'aider à en triompher. Alors, avec la bonté d'une mère et la conviction d'une sainte, elle se mit à me parler du bonheur de s'immoler pour Dieu, en union avec Notre-Seigneur, des complaisances de saint Vincent pour celles d'entre nous qui acceptent de bon cœur la vie pauvre et simple des bonnes filles de village; puis elle me promit de m'aider, de me soutenir, et elle l'a fait avec tant de dévouement, que je me suis toujours estimée heureuse de lui avoir donné toute ma confiance. »

Une autre sœur, qui avait passé par le séminaire lorsque ma sœur Vérot y était seconde directrice, s'était laissé intimider par son air sévère et n'avait jamais pu revenir de cette impression. Nommée sœur servante en 1873, elle apprit en même temps qu'elle allait être installée par ma sœur Économe. Déjà effrayée du fardeau imposé à sa nature craintive, elle sentit son cœur se serrer encore davantage. Mais aussitôt après, elle rencontra précisément ma sœur Vérot, et celle-ci, lisant au fond de son âme, lui dit aimablement : « Eh bien, ma bonne fille, j'espère que vous n'aurez plus peur de moi. » Ces simples paroles furent dites avec une telle effusion que toute glace se fondit pour toujours. Bientôt après l'installation, une lettre affectueuse venait encourager la nouvelle sœur servante :

J'ai appris avec peine que vous avez été malade. Il paraît bien que Notre-Seigneur vous veut affermir puisqu'il vous visite ; ne considérez pas autrement les peines qui vous arrivent. Quand le Seigneur bâtit lui-même la maison, il la pose sur le fondement inébranlable de la croix. C'est ainsi qu'est basée votre petite maison ; donc elle ne périra pas, elle ne sera même pas ébranlée.

Je vous envoie quelque peu de linge de costume. L'étranger en a beaucoup emporté ; enfin dans votre pauvreté, ceci vous sera toujours une petite augmentation.

Soignez-vous, je vous en prie ; vous avez dû manquer de bien des choses durant votre maladie. Heureusement que Notre-Seigneur compte tout !

Et un peu plus tard :

Je viens répondre à votre bonne lettre qui, en me disant toutes sortes de choses qui m'intéressent, me laisse pourtant dans l'incertitude au sujet de votre santé. J'aime à croire qu'elle n'est pas trop mauvaise, et que, s'il y a quelque souffrance, c'est pour ajouter à la croix de chaque jour.

... Ne vous mettez pas en peine de ce que l'on peut dire de vous, non dans un esprit philosophique et suffisant, mais en toute humilité et simplicité, ne comptant pour rien tout ce qui vous touche personnellement. C'est ainsi que doivent faire les vrais enfants de Dieu, toujours amis de la paix ; inspirez cet esprit à vos compagnes.

Je vois que Monseigneur vous gâte. Faites tourner ses bonnes grâces au profit de la gloire de Dieu ; pour vous, ne cherchez votre gloire que dans l'anéantissement de vous-même et dans l'union avec Notre-Seigneur, en l'amour duquel je demeure, etc.

Du fond de sa retraite, ma sœur Buchepot s'intéressait au bien fait par son ancienne compagne et s'en réjouissait : « Ma sœur Vérot, écrivait-elle, est toujours pour moi la bonne amie ; elle fait l'admiration de tout le monde. » Depuis leur séparation, en 1866, jamais elles ne s'étaient revues. Dieu et la Communauté voulurent ménager cette suprême consolation à ma sœur Buchepot. Parmi les nombreuses lettres de ma sœur Vérot que nous avons sous les yeux, il en est une ainsi conçue :

Oui, je vous écris de Narbonne. M. notre très honoré Père a dit que la position que ma sœur Buchepot a eue à la Maison-Mère et les services qu'elle a rendus à la Compagnie demandaient que le Conseil lui donnât une marque d'intérêt. Voilà pourquoi je suis ici, auprès de cette sainte Mère. Mon Dieu, qu'elle est malade ! Elle n'a de sain que la tête ; elle est sur la croix : vous pouvez penser quelle est ma peine. Dieu seul sait tout ce qu'il y a d'excellent dans cette âme : il faut l'avoir vue de près pour le comprendre.

Cette rencontre fut comme le dernier entretien de saint Benoît et de sainte Scolastique; il n'y fut guère question que des intérêts de Dieu, de l'Église, de nos deux Communautés, et, en se séparant, ces deux grandes âmes se dirent : « A revoir au ciel. »

Cependant la maladie de ma sœur Buchepot devait se prolonger quelques mois encore, et à la fin du triennat de ma sœur Vérot, elle pouvait écrire à une amie commune :

« La voilà hors d'une charge dont elle s'est acquittée dignement et avec un dévouement qui passe toute expression. Avec l'esprit de Dieu on est propre à tout, parce qu'on possède la sagesse. »

3.

Ces lignes résument les souvenirs que notre chère sœur laissait à la Maison-Mère et l'opinion qui la devançait à l'hôpital de Valenciennes, où elle allait remplir à la fois l'office de sœur servante et celui de visitatrice. Laissons d'abord la parole à ses anciennes compagnes :

« Entre les vertus que nous avons particulièrement remarquées en ma sœur Vérot pendant les trois années qu'elle a passées ici, l'humilité tient le premier rang. Un jour, une personne qui aurait dû donner l'exemple du respect de l'autorité, se permit de lui adresser des paroles blessantes devant plusieurs sœurs et un grand nombre de malades ; non seulement elle ne dit pas un mot, mais elle ne laissa paraître aucune émotion et recommanda ensuite à ses compagnes de ne point parler de cet incident. Quand quelqu'une de nous, la voyant chargée, se pressait au-devant d'elle pour la débarrasser, elle n'acceptait jamais, disant qu'on gâte les sœurs servantes par tant de prévenances, qu'elle n'était pas plus que nous, et que son nom et son office au contraire l'obligeaient à servir tout le monde. C'est dans cet esprit qu'elle n'a jamais permis qu'une sœur fît le ménage de son cabinet et allumât son feu ; elle se rendait elle-même tous ces petits services. Aux travaux communs, ménages, lessive, repassage, on la voyait toujours la première à la besogne.

« Sa charité pour les pauvres malades était
touchante. Les déshérités de toute sorte, les
caractères difficiles, les idiots, les épileptiques
avaient ses préférences. Elle pensait continuellement à eux et aux moyens d'adoucir leur
infortune ; aucune peine, aucune fatigue ne lui
coûtait pour leur procurer quelque soulagement ou quelque plaisir. Sa première visite,
quand elle revenait de voyage, était pour les
infirmeries ; parfois même nous ne la savions
pas de retour, et tous les malades l'avaient vue.
Jamais elle ne laissait passer son tour de veille
auprès des mourants ; au contraire, elle choisissait les nuits les plus pénibles auprès des malades les plus rebutants, et afin de prévenir les
objections que ses compagnes n'auraient pas
manqué de faire pour lui éviter cette fatigue,
elle prétextait qu'elle avait à écrire.

Un malheureux, rongé par un horrible can-
cer, fatigué de souffrir, voulut s'étrangler. Ma
sœur Vérot coupa elle-même la corde, et par sa
douceur, sa charité, ramena ce pauvre malade
à de meilleurs sentiments. Elle le veilla quand
il fut près de mourir, et pour ne pas le quitter
avant qu'il eût rendu le dernier soupir, elle pro-
longea sa veille jusqu'à une heure avancée de
la matinée. Ce moribond, insensible à tout ce
qui se passait autour de lui, reconnaissait toujours la voix de ma sœur Vérot qui lui suggérait
de temps en temps quelque pensée consolante,

quelque pieuse invocation, et il paraissait heureux de la savoir auprès de lui. Un autre, épileptique et idiot, s'éclairait d'une lueur d'intelligence et de joie dès qu'il l'apercevait. Bien des années après son départ, chaque fois que la sœur servante qui lui a succédé entrait dans la salle du pauvre épileptique, auquel sa bonté avait donné la mémoire du cœur, il ne manquait pas de dire : « Avez-vous des nouvelles de ma sœur Vérot ? »

Un jour, l'une de nous, qu'elle chargeait de porter quelques douceurs à une malade difficile, mauvaise, lui fit observer respectueusement que cette femme ne méritait pas qu'on eût des attentions pour elle, et que si le fait venait à être connu, certainement tout le monde se récrierait dans la maison. Ma sœur Vérot reprit sa compagne avec douceur et lui dit : « Allez, allez, ma bonne, je vous en prie, c'est par là qu'on gagne les malheureux au bon Dieu, ou tout au moins qu'on empêche qu'ils l'offensent. »

« Elle avait un grand amour pour la vie commune, mais elle tenait à ce que chaque chose se fît avec soin et précision, au temps et de la manière indiquée par la règle et le coutumier. Un soir, elle arrivait à peine après une assez longue absence, quand huit heures vinrent à sonner : « Ma sœur, lui dîmes-nous, il y a trop
« longtemps que nous ne vous avons vue pour

« que vous ne nous dispensiez pas du quart
« d'heure aujourd'hui. — C'est une raison pour
« que je le fasse », répondit-elle, et elle com-
mença le *Veni Sancte*. Elle nous recommandait
beaucoup le silence et ne souffrait pas qu'on
lui parlât dans les corridors, disant qu'il ne fallait qu'un peu de prévoyance et de mortification
pour s'habituer à l'entretenir de tout ce qu'on
avait à lui dire dans son cabinet qui n'était fait
que pour cela. Elle tenait aussi beaucoup à ce
qu'on sût se gêner pour se rendre exactement
à la récréation, où elle était toujours la première et dont elle faisait aimablement les frais. »

Une de ses postulantes écrit du fond de la
Chine : « Les trois mois que je passai auprès
de ma sœur Vérot furent un vrai commencement de séminaire, car cette vénérée sœur ne
négligeait rien pour me préparer à devenir une
bonne fille de la Charité. Dès mon arrivée,
elle-même m'indiqua dans le moindre détail ce
que j'aurais à faire et l'esprit avec lequel je
devais m'y appliquer. Elle tenait particulièrement à ce que je ne manquasse pas l'heure
qu'elle m'avait marquée chaque jour pour
l'étude et qui devait être consacrée en grande
partie au catéchisme. Elle me recevait régulièrement chaque dimanche, me faisait rendre
compte de la manière dont j'avais passé la
semaine, m'interrogeait sur ce que j'avais
appris, et me parlait ensuite des devoirs et des

vertus de la vie que je voulais embrasser ; mais
tout se résumait à peu près à me recommander
l'humilité ; c'était presque toujours par là qu'elle
commençait, qu'elle continuait et achevait.

« Vers la fin de mon postulat, ce fut encore
elle qui s'occupa de mon trousseau, fit mon
paquet et me remit la liste exacte de ce que
j'emportais. Puis, ces petits préparatifs maté-
riels achevés : « Mon enfant, me dit-elle, il ne
« vous reste plus qu'à avertir votre famille de
« votre prochain départ et à l'engager à venir
« au plus tôt vous faire ses adieux, car il est
« très important qu'avant d'entrer au séminaire,
« vous passiez huit jours dans le recueillement
« et la séparation des créatures. »

Les remarques de la sœur servante d'une
maison voisine de l'hôpital nous montrent notre
chère sœur, pendant son séjour à Valenciennes,
non moins saintement agissante au dehors
qu'au dedans.

« Quoique visitatrice, ma sœur Vérot voulait
toujours s'effacer. Quand elle avait à faire quelque démarche officielle, elle me demandait de
l'accompagner, et dans les commencements
surtout, près de la porte à laquelle nous devions
frapper, elle ne manquait pas de me dire :
« Vous connaissez ce Monsieur ; vous entrerez
« la première et vous parlerez. » Mais pour nous
maintenir chacune à notre place, je n'avais qu'à
m'enacer de la présenter comme visitatrice et

ancienne officière de la Communauté. D'ailleurs, sous les formes respectueuses et modestes qu'elle gardait toujours vis-à-vis de l'autorité, quels que fussent ceux qui en étaient revêtus, les administrateurs et les fonctionnaires eurent bientôt deviné en elle une personne supérieure et ils lui vouèrent une singulière estime.

« Sa cordialité était charmante, sa charité sans bornes. Toutes les maisons dont elle était chargée comme visitatrice en ont éprouvé les effets. Bien souvent elle s'est privée momentanément de compagnes dont l'absence la laissait dans la gêne, pour rendre service aux sœurs des environs. Le nombre des vocations qu'elle a sauvées ou raffermies est incalculable, et plus d'une œuvre lui doit aussi sa résurrection ou ses progrès.

« Quelques mois seulement après son arrivée à Valenciennes, la maison du faubourg, mal établie, venait d'être fermée. La sœur servante était partie et les sœurs attendaient à l'hôpital les lettres de la Communauté qui devaient leur indiquer leur nouvelle destination. Ma sœur Vérot, dont le regard clairvoyant avait entrevu les besoins du pauvre quartier abandonné, conjurait le bon Dieu d'en avoir pitié ; elle espérait contre toute espérance. En effet, tout semblait perdu, quand un brave homme peu fortuné, que notre digne sœur appelait toujours depuis saint

Joseph, vint spontanément offrir une maison dans les meilleures conditions. Ma sœur Vérot eut la joie d'y réinstaller les sœurs, mais on dut bien se garder de dire devant elle que ce retour merveilleux était en grande partie la récompense de sa foi et de sa charité. »

Ici encore, c'est notre chère sœur elle-même qui, à son insu, nous révélera le secret du bien qu'elle a fait aux maisons et aux âmes avec lesquelles sa charge de visitatrice l'a mise en rapport. Elle écrivait quelques années après à une de ses anciennes compagnes :

Ma chère sœur, voulez-vous glorifier Dieu et vous sanctifier dans la nouvelle situation où la divine Providence vous place ? Avant tout, conservez la paix et la tranquillité de votre âme ; soyez égale au milieu des inégalités de la vie présente.

Une visitatrice doit mourir à elle-même, afin de se faire toute à tous pour les gagner tous à Notre-Seigneur. Elle doit pouvoir tout savoir sans faire paraître des émotions qui divulguent les secrets. Pour résumer, voici en peu de mots à quoi elle me semble devoir surtout s'attacher :

1° Union habituelle avec Dieu ; demander souvent à l'Esprit-Saint son secours ; invoquer souvent l'Ange gardien.

2° Supporter avec douceur et patience les événements, les circonstances imprévues, ménagées par la divine Providence. Être dans ses rapports avec les sœurs : bonne, maternelle, point étonnée des faiblesses, très discrète et indulgente, mais aussi ferme et constante pour le maintien de la règle.

3° Avec les gens du monde, grande prudence, craignant toujours le danger. Les victoires passées ne disent point les victoires futures ; l'ennemi ne dort jamais. C'est pourquoi une visitatrice ne doit jamais penser être complètement en sûreté pour les autres, ni pour elle-même.

Ainsi, piété, humilité, vigilance, détachement des créatures, charité abondante ; enfin saint abandon à Celui qui donne la charge.

Un nouvel acte de ce saint abandon fut demandé à ma sœur Vérot en mai 1877. Celui qui donne les charges, par l'entremise des Supérieurs, l'appelait à remplir celle de première Directrice du séminaire. Parce qu'elle savait la grandeur de cette tâche, et qu'elle avait vu de près en ma sœur Buchepot à quelle hauteur il faut s'élever pour la bien remplir, elle ne put, à cette nouvelle, que s'humilier et se livrer en tremblant à la grâce de l'obéissance. Cependant, au moment où Notre-Seigneur l'appelait à coopérer plus directement et plus intimement avec lui à l'œuvre de la rédemption et de la sanctification des âmes, ne pouvait-elle pas, après avoir dit comme ce divin Sauveur, à la veille de sa Passion : « Mon Père, sauvez-moi de cette heure », ajouter aussi : « Mais c'est pour cette heure même que vous m'avez envoyée » ?

En effet, depuis sa première éducation, basée sur la foi, la charité et le renoncement, tout dans la vie de ma sœur Vérot avait été une mystérieuse préparation à l'œuvre qui en devait être le couronnement : au séminaire, elle avait été longtemps à une incomparable école ; dans la Communauté, elle avait passé par tous les emplois, depuis l'humble office de maîtresse de classe, jusqu'à celui de membre du Conseil de la Compagnie ; elle s'était personnellement dévouée à toutes nos œuvres, et en avait ensuite étudié le fonctionnement dans un grand nombre de maisons ; elle avait été en rapport avec beaucoup d'âmes, et ainsi son esprit si clairvoyant et si sage avait accumulé des trésors d'expérience, tandis que dans la pratique des plus hautes vertus et sous le coup des plus sensibles épreuves, son âme avait amassé des trésors de grâce.

Mais tout ce qu'elle avait acquis et appris se condensait pour elle en ces deux mots : « Dieu est tout, la créature n'est rien. » Les faire entendre, approfondir, les graver en traits ineffaçables sur la première pierre des innombrables édifices spirituels dont elle avait pour mission de poser les fondements, telle fut, pendant dix-sept ans, la pensée dominante de notre vénérée sœur Directrice. Dans ses instructions, dans ses directions, dans sa manière d'éprouver les sœurs du séminaire et de former les jeunes sœurs d'office, aussi bien que dans ses rapports de sainte amitié avec des âmes plus avancées qui venaient chercher près d'elle force et lumière, tout convergeait vers ce but.

« La mission de ma sœur Buchepot, disait-elle,
« a été de combattre la nature partout où elle l'a
« rencontrée. » Ne pouvons-nous pas bien dire à
notre tour que, comme aux jours d'Élie et d'Éli-
sée, nous avons vu le disciple recueillir le manteau du maître, et en même temps son esprit
et la grâce de continuer son œuvre ? L'éminent
cardinal di Rende qui l'a vue à l'œuvre d'assez
près, alors qu'il était Nonce Apostolique à Paris
et que sa sœur était sœur d'office du séminaire,
n'a pas craint de lui rendre ce témoignage :
« Ma sœur Vérot est une sainte, car chez elle
« la nature est morte, et ceci est une des mar-
« ques les plus certaines de la sainteté, c'est le
« sommet de la perfection. »

La guerre à la nature, notre chère sœur Directrice l'a en effet poursuivie sans trève ni merci
en elle et dans les autres, attaquant l'ennemi
partout où elle le rencontrait, lui portant des
coups et le foulant aux pieds avec une impi-
toyable rigueur, mais ne l'écrasant que pour
élever sur ses ruines, le règne tout suave de la
divine charité. Dans cette lutte à outrance, elle
s'est servie de deux grandes armes : la parole
et l'exemple.

La parole de ma sœur Vérot, nous n'avons
point à l'apprécier ici : elle vibre encore dans
tous les cœurs qui ont eu le bien de l'entendre.

Saint Paul, conseillant aux premiers chrétiens de désirer entre les dons spirituels les meilleurs, et avant tout le don de prophétie, explique ensuite que ce don consiste « à savoir parler aux âmes pour les éclairer, les élever, les exhorter, les consoler ». Ce don sacré de parler aux âmes et de se faire entendre de toutes, notre chère sœur l'avait reçu à un haut degré. De là, l'impression profonde que produisait sa parole sur tout un auditoire composé des éléments les plus divers. Les intelligences peu développées comme les esprits délicats et cultivés, les sœurs encore tout occupées des souvenirs du monde et celles que de longues années de vie de communauté ont avancées dans la voie du détachement, chacune l'entendait aussi bien que jadis les petites filles du catéchisme de Saint-Sulpice. C'est qu'à toutes ces âmes, ma sœur Vérot parlait dans leur langue, ce qui est un autre don du Saint-Esprit auquel elle s'était abandonnée.

Une sœur lui demandant aussitôt après une de ses instructions sur les vœux l'explication d'un passage qu'elle n'avait pas saisi : « Il faut, lui répondit ma sœur Directrice, que vous me répétiez les paroles que j'ai dites, car vous comprenez que lorsque je suis là, je parle selon ce que le bon Dieu m'inspire, et puis je ne me souviens plus de ce j'ai dit, à moins qu'on ne me le rappelle. » Sans y penser, elle venait de livrer son secret.

L'inspiration divine se pouvait reconnaître encore à un autre signe : non seulement toutes les sœurs, quelles que fussent leur première éducation et la trempe de leur esprit, comprenaient et goûtaient les instructions de ma sœur Vérot, mais bien souvent chacune y trouvait ce qui convenait le mieux à sa disposition actuelle, ce qui répondait à la question qu'elle se posait dans l'intime de son cœur. « Écouter ma sœur Vérot, dit l'une, c'était pour moi comme ouvrir l'*Imitation de Jésus-Christ,* après avoir invoqué le Saint-Esprit. De même que ce que je lis alors dans le livre sacré, ce qu'elle disait me semblait s'adresser à moi seule, tant c'était la lumière ou le secours qu'il me fallait. » Et une autre : « L'esprit obsédé de pensées contre la foi, je me croyais incapable, un jour, de prêter une oreille attentive à l'instruction. Mais elle avait pour objet les anéantissements du Verbe incarné, sujet que notre vénérée sœur Directrice traitait avec tant d'élévation et de feu. Jamais je n'avais entendu parler de ce grand mystère avec une telle clarté. Oubliant mon ouvrage et tout ce qui m'entourait, subjuguée, j'écoutais, et, sans effort, mon âme s'abîma dans un acte de foi, qui me rendit la paix. » Et une troisième : « Que de fois, en entrant au séminaire, à deux heures, je me sentais abattue, découragée, à la vue de tout ce que j'avais à faire de travail intérieur pour commencer seulement à marcher dans la voie parfaite! Mais le bon Dieu permettait que ma sœur Directrice dît des paroles réconfortantes, qui semblaient faites exprès pour moi, et, en sortant de l'instruction, je n'avais plus qu'un désir, celui de m'appliquer généreusement à tous les devoirs d'une vocation qui forme de si grandes âmes. »

Ces fruits de l'heure présente ne sont pas les seuls qu'aient produits les enseignements de ma sœur Vérot : « Ils demeurent, écrit une sœur servante, le phare lumineux de toute une vie de communauté. Je n'ai qu'à consulter les notes prises à la dérobée au séminaire, j'y trouve souvent la ligne de conduite à suivre en telle ou telle difficulté, et toujours un souffle de sainte énergie qui ranime ma faiblesse.

« Comment céder au découragement, et ne pas revenir avec une nouvelle ardeur au combat contre les répugnances intérieures ou contre les tribulations du dehors, quand cette voix entraînante vous redit :

Étudiez le mystère de la Croix et tout vous sera facile.

Ne vous effrayez pas de l'ennui. C'est une lime dont Dieu se sert pour vous débarrasser de la rouille de la nature.

L'attrait n'est souvent dans l'âme qu'un embarras qui empêche Dieu d'agir seul.

Le zèle ne consiste pas à entreprendre avec ardeur, mais à continuer avec persévérance, malgré les traverses qui déconcertent.

Pour qui travaillons-nous ? Pour les créatures ? Mais les créatures sont des mouches, des atomes, rien !

L'amour, quand il est vrai, fait tout converger vers Dieu : c'est un entraînement, c'est un torrent.

La vue de Dieu en toutes choses ! Dieu est là ! Dieu me voit ! Quel aiguillon pour le courage !

L'homme se fatigue de tout, excepté de ce qui tend à l'éternité.

Il n'y a pas d'isolement pour l'âme qui vit dans l'intimité de Dieu.

« Peut-on, continue la sœur dont nous citons les remarques, céder au désir d'aller chercher au loin des forces ou du soulagement quand on se rappelle le saint frémissement avec lequel notre vénérée sœur Directrice s'écriait un jour :

On cherchera peut-être à vous persuader que vous avez besoin de changer d'air, de respirer l'air natal. Oh ! non. Moi, je vous dis que non. Ce qu'il vous faut, c'est l'air du dévouement, l'air du ciel.

Ma sœur Vérot avait reçu de Dieu une remarquable intelligence de l'Écriture Sainte. L'Évangile, les Épîtres de saint Paul, et surtout les Psaumes, lui étaient une mystérieuse réserve où elle puisait tout ce qu'elle enseignait.

Alors qu'elle expliquait le catéchisme de communauté, les saintes règles, ou les mystères à la veille des fêtes, sa parole avait toujours certainement une énergie et une onction inoubliables ; mais elle semblait se surpasser lorsque, pendant les retraites, interrompant le cours d'instruction commencé, pour qu'il n'y eût pas de lacune dans l'enseignement des sœurs qui suivaient les saints exercices, elle commentait quelque psaume. Chaque verset, chaque mot du texte sacré devenait pour elle une source jaillissante de pensées élevées, de sentiments profonds. Pour qui l'avait une fois entendue, les chants du Roi-Prophète devenaient de magnifiques prières, répondant mieux que nulle autre à tous les états et à tous les besoins de l'âme.

Jamais pourtant ma sœur Vérot n'était plus sensiblement inspirée de Dieu que lorsqu'elle parlait du vœu et de la vertu qui nous consacrent à lui. Mais, si elle le faisait toujours avec la même élévation, il était facile de remarquer des nuances dans la manière dont elle traitait ce grand sujet, selon l'auditoire auquel elle s'adressait. Devant les sœurs du séminaire, elle exposait, on pourrait dire elle chantait, la beauté, les triomphes, la gloire immortelle de la chasteté : c'était comme un écho du cantique des vierges à la suite de l'Agneau.

Dans ses instructions des vœux, au commencement de chaque retraite, ayant pour mission d'expliquer aux sœurs de quatre ans de vocation les engagements qu'elles se préparaient à contracter, la sage Directrice ne faisait guère que rappeler le parfum et l'éclat du lis de la virginité ; elle parlait surtout des dangers qui le menacent et des épines dont il doit être entouré. Alors son langage revêtait plutôt l'austérité que la douceur de l'Évangile. Mais cette sévérité rappelait celle de Notre-Seigneur disant : « Si quelqu'un veut être mon disciple, qu'il se renonce lui-même », et elle fortifiait les âmes au lieu de les abattre. D'ailleurs, l'attention respectueuse et souvent l'émotion des nombreuses sœurs de tout âge qui se pressaient à ces instructions, établies seulement pour les jeunes, disaient assez combien toutes goûtaient cette forte doctrine.

Enfin, ma sœur Vérot parlait encore de l'alliance virginale aux sœurs qui, à la veille de la contracter, venaient faire un jour de retraite à la Maison-Mère. En présence de ce petit groupe, elle n'était plus la même. Elle commençait lentement, les yeux baissés, comme anéantie en la présence de Dieu, et jusqu'à la fin le ton demeurait grave, ému, recueilli, presque bas. Parfois même elle semblait ne parler qu'avec effort, non que l'expression lui manquât, mais tant elle se sentait envahie, dominée par le sentiment de son indignité et la grandeur de la grâce qu'elle annonçait.

La parole de ma sœur Vérot savait du reste s'harmoniser avec toutes les circonstances, car notre chère sœur avait à un degré peu ordinaire ces délicatesses du bon sens qui s'appellent le tact et l'à-propos. Soit qu'elle cherchât à égayer ses chères petites sœurs à la récréation; soit que le jour de la fête de saint Joseph elle s'adressât à sa famille considérablement agrandie, soit qu'elle reçût les Supérieurs au séminaire, toujours elle était heureusement inspirée. Au quart d'heure du soir et à la conférence du mercredi, en quelques mots elle donnait aux âmes un aliment qui aurait suffi pour plusieurs oraisons et qui fortifiait pour toute la semaine.

Où se révélait surtout ce don qu'avait reçu notre chère sœur de dire beaucoup en peu de paroles, c'était dans la direction. Nous en trouvons un témoignage d'une simplicité charmante dans une lettre de notre regrettée sœur Rende, cette âme d'élite que les leçons et les exemples de ma sœur Vérot ont tant contribué à rendre en peu de temps digne du ciel : « Plus que jamais, écrivait-elle de Sorrento, au mois d'avril 1887, je me sens attachée à ma sœur Directrice; elle avait si bien compris l'âme de ma mère, et ma mère l'aimait tant ! Au début de sa dernière maladie, cette pauvre mère me disait encore : « Je désire beaucoup aller à Paris, surtout pour voir la sœur Directrice et lui demander conseil. » Et puis elle voulait toujours savoir comment ma sœur Directrice me dirigeait. Pour la contenter, je lui répétai un jour une seule parole que ma sœur Directrice m'avait dite lorsque je fus rappelée de Meaux pour être placée sous sa conduite. Cette courte direction plut tellement à ma mère qu'elle s'écria : « Dès que je verrai ton frère Camille, je lui redirai cette parole; par ce côté, vous vous ressemblez tous les deux, et cela lui fera du bien. — Oh! ajoutait naïvement ma sœur Rende, si ma sœur Directrice pouvait soupçonner qu'elle a dirigé indirectement un cardinal, comme elle s'anéantirait! »

Quel sentiment dominait ma sœur Vérot dans l'exercice de cette fonction si importante, mais si délicate de sa charge? Elle le dit hautement un jour où elle s'élevait avec vigueur contre la tendance qui pousse certaines sœurs, dès les premières années de leur vocation, alors qu'elles ne savent pas encore se conduire elles-mêmes, à vouloir diriger des enfants et des jeunes filles : « Diriger les autres, s'écriait-elle, savez-vous bien ce que c'est? Mais c'est un ministère redoutable que ceux qui en sont chargés n'exercent qu'en tremblant! » Et dans l'intimité, elle disait à une sœur, qui venait de lui être donnée pour compagne et qui lui exprimait ingénûment sa joie de se retrouver sous sa conduite : « Retenez bien ceci : ce ne sont pas les créatures qui conduisent, mais le Saint-Esprit. Je vous aiderai à vous laisser conduire par lui; mais je ne ferai pas autre chose, parce que je ne le dois pas et que je ne le veux pas. » Aussi était-ce cet Esprit de lumière, de force et de suavité qui opérait dans les âmes par son entremise.

« Ce qui me faisait le plus de bien dans sa direction, écrit une sœur, c'était sa grande simplicité, qui faisait tomber en un instant tout un échafaudage de doutes, d'objections, de difficultés. L'effet de cette simplicité était d'anéantir l'orgueil; en s'en allant, on se sentait toute petite, mais calme et heureuse. Quelquefois même, il ne fallait à ma sœur Directrice qu'un regard pour produire cette impression. Je lui avouais un jour la forte inclination que je me sentais pour les affections sensibles. Elle garda le silence ; mais ses yeux se fixèrent d'abord sur moi avec une telle expression de surprise et de pitié, puis se dirigèrent vers le ciel avec un tel rayonnement de pureté que dès ce moment le charme des créatures a disparu pour moi. »

Ici surtout, les témoignages surabondent ; nous ne pouvons que choisir.

Une sœur arrivait au séminaire dans des circonstances assez particulières. Après une conversion récente, après trente-quatre années passées dans un monde où tout était diamétralement opposé à la vie qu'elle voulait embrasser, elle n'avait d'autre point d'appui que la certitude de l'appel divin et la volonté d'y répondre. « Quand j'entrai pour la première fois chez ma sœur Directrice, écrit cette sœur, elle fixa sur moi son regard pénétrant, me fit quelques questions, écouta attentivement mes réponses et comprit tout. Elle comprit aussi combien j'aurais besoin d'elle, et me dit avec une ineffable bonté : « Venez quand vous voudrez; vous me trouverez toujours. » Allant au delà de cette invitation et de cette promesse, au milieu de ses occupations accablantes du temps de Noël, alors que je me faisais un scrupule de chercher à la voir, elle me fit appeler. Elle était debout dans son cabinet et vint à moi comme j'entrais : « Ah ! me dit-elle, vous « souffrez... Je le pensais... J'aurais dû vous « appeler plutôt... je n'ai pas pu. » Et elle s'excusait. Puis, sans que j'eusse besoin de parler, elle mit le doigt sur la plaie; et comment s'y prit-elle ensuite pour réfuter, combattre, aider, rendre lumineux ce qui semblait obscur? Son entraînante éloquence, sa science des choses de Dieu, sa merveilleuse intuition, elle mit tout au service d'une seule âme! Quand je la quittai, une joie délicieuse, une paix profonde remplissaient ce cœur et cet esprit si troublés un peu auparavant.

« Il en fut toujours ainsi. La sollicitude de ma sœur Directrice me suivit au delà des jours bénis du séminaire; mais avec quelle sagesse, quelle hauteur de vues elle en proportionna les témoignages à mes besoins ! Au début, elle allait presque au-devant de mon

4.

désir de la voir, m'accueillant avec le reproche d'avoir tardé longtemps. Plus tard, quand elle me voulut et me crut plus forte, elle me reçut avec cette rondeur dont elle se servait pour tenir tête à sa besogne que le flot des visites du dehors lui rendait impossible. Qu'un mot pourtant lui fît deviner que je ne venais pas à la recherche d'une simple jouissance, aussitôt tout changeait ; il fallait parler ; elle parlait à son tour ; et quand je la quittais, rassérénée et fortifiée : « Ah ! rendez grâces, disait-elle, rendez grâces ! » Et je rendais grâces en effet, non pas seulement de ce bienfait inappréciable de la vocation dont elle faisait si bien comprendre le prix, mais du privilège inestimable aussi de la connaître elle-même, de la voir sans aucune existence personnelle, ne vivre que de sa mission, et pouvant dire comme saint Paul : « Qui « est faible sans que je sois faible avec lui ? Qui « est scandalisé sans que je brûle ? »

Notre chère sœur savait en effet admirablement se faire faible avec les faibles. « Une nourriture trop forte, disait-elle, peut fatiguer et délabrer pour toujours un bon estomac ». Et avec la sollicitude de la mère auprès de ses plus petits enfants, elle proportionnait l'alimentation spirituelle aux besoins de chacune :

Plus il y a de tendresse dans un cœur, écrivait-elle à une sœur d'une nature sensible et impressionnable, plus ce cœur doit se livrer à la grâce, mais sans tristesse ni frayeur. Que craignez-vous ? N'êtes-vous pas l'enfant de la grâce ! Et si elle a eu déjà pour vous des miséricordes infinies, pourquoi ne pas correspondre à tant d'amour par l'abandon de tout vous-même? Méditez les grandeurs et les bontés de Dieu, mais avec la simplicité de la foi, et peu à peu une piété solide germera et croîtra dans ce cœur que je voudrais si bien donner à Notre-Seigneur.

« Livrez-vous à la grâce », c'était l'exhortation familière de ma sœur Vérot : « Livrez-vous à la grâce qui vous presse de vous dépouiller du monde et de vous-même pour vous revêtir de Jésus-Christ. Livrez-vous à la grâce qui vous demande aujourd'hui ce sacrifice, et demain vous en demandera un autre. Mais livrez-vous, abandonnez-vous sans réserve. Donnez encore, donnez toujours. »

Combien de sœurs croiront se reconnaître dans ce que l'une a écrit : « Ma sœur Directrice me voulait généreuse au service du bon Dieu, sachant tirer profit de tout pour avancer dans la vertu. Ce qu'elle me recommandait le plus fortement, c'était l'égalité d'humeur et une grande facilité à entrer dans les vues de tout le monde en sacrifiant ma volonté et ma manière de voir. »

Cependant notre chère sœur ne s'étonnait ni des lenteurs, ni des faiblesses quand elle rencontrait une sincère bonne volonté. — « Que voulez-vous, répondait-elle à l'aveu d'une chute, nous allons au ciel clopin-clopant; il ne faut pas nous étonner de nos fautes. A la fin de la vie, nous arriverons devant le bon Dieu en lui disant : « Mon Dieu, voilà votre pauvre servante, faites-lui miséricorde. »

Mais si dans la voie du dégagement du cœur surtout, elle trouvait hésitation ou résistance prolongée, l'accent de l'autorité succédait à celui de l'indulgence :

Vous me trouvez sévère ; mais que faire quand on est en présence d'une nature rebelle à qui Dieu a donné tout ce qu'il faut pour être bonne ? Tant que vous regimberez contre la grâce qui vous sollicite, il y aura guerre entre vos principes et les miens. Vous cherchez encore l'harmonie du cœur avec les créatures, et moi je regarde cette harmonie comme une sirène qui cause la ruine des âmes. Aimez donc plutôt la mortification, et ne craignez pas les ennuis qui purifient le cœur. Si on vous avait tenue dans cette voie ferme et chrétienne, vous ne souffririez pas autant.

En certaines circonstances, c'était à la fois toute la force et toute la suavité de l'amour maternel :

Que Dieu soit béni ! ma chère fille. Il eût été si triste de vous voir abandonner votre saint état pour remédier à un malheur, sans doute bien grand, mais que Notre-Seigneur adoucira, soyez-en sûre, pour vos chers parents, justement à cause de votre fermeté. Allons, courage ! embrassez la croix, si dure qu'elle soit, avec l'amour que le bon Maître attend de vous. Pleurez, ma pauvre enfant, cela vous est bien permis ; mais pleurez sur le cœur de Jésus en répétant lentement et plusieurs fois : « O Jésus, cette épreuve si grande, si pénible, je ne puis la comprendre, mais je la veux, puisque vous qui aimiez infiniment cette âme l'avez permise. » Pensez que lui, notre divin Sauveur, n'est point descendu de la croix pour consoler sa mère ; et pourtant comme il l'aimait ! Croyez-vous avoir plus d'amour pour la vôtre ? Remercions Dieu, ma chère sœur, de ce qu'il n'a pas permis que vous alliez plus loin dans cette illusion de votre cœur et de ce que vous reconnaissez que ce désir extraordinaire de retourner dans votre famille pour la consoler n'était que l'œuvre de Satan.

Et maintenant, fortifiez-vous par la prière ; cherchez la diversion dans une vie très occupée, dans la bonne et sainte amitié avec votre sœur servante et vos compagnes, et dans le souvenir des cœurs qui vous aiment ici, prient beaucoup pour vous et vous resteront à jamais dévoués.

A une sœur condamnée à subir l'amputation d'un pied, elle écrivait :

Je vous sais sur la croix et je compatis à vos peines tout en vous disant : Courage ! une telle épreuve est un signe de la prédilection de Dieu. C'est comme un purgatoire qui purifie doublement, éprouvant à la fois au moral et au physique. Je vous conseille, ma chère sœur, de considérer votre situation présente comme un nouvel office que le bon Dieu vous donne. Vous savez bien que celui qui nous vient de ce divin Maître est toujours le meilleur, ce qui ne vous empêchera pas d'aimer vos petits garçons et de leur faire du bien en offrant pour eux vos souffrances.

Je prie Notre-Seigneur d'être avec vous, de vous fortifier, de vous consoler, de vous réjouir même comme il sait le faire jusque dans l'épreuve, en attendant les joies éternelles qui en seront la récompense.

Et le jour même de la cruelle opération, elle revenait auprès de la pauvre sœur mutilée :

C'est une chose d'un grand mérite de donner joyeusement ce qui lui appartient à Celui de qui nous tenons la vie. Votre pauvre pied offert à Notre-Seigneur, puisqu'il l'a voulu dans le sacrifice, vous sera rendu au ciel plus beau que tous vos autres membres. Ne vous tourmentez pas, faites tout ce qui est nécessaire, et soyez persuadée que tout tourne à bien pour ceux qui aiment Dieu. Nous avons beaucoup prié et nous prierons encore pour vous au séminaire. Adieu, demeurez dans le cœur de Jésus où j'aime à vous rencontrer pleine de confiance et d'abandon.

De près, de loin, ma sœur Vérot éclairait, soutenait, consolait ainsi un nombre incalculable d'âmes. A leur service, elle s'oubliait, se donnait sans mesure. Durant ses journées remplies à pleins bords par les mille détails de la direction du séminaire, ayant souvent à faire, outre son instruction quotidienne de deux heures, les deux instructions d'une petite retraite, et encore celles d'une retraite préparatoire aux saints vœux, assaillie de visites et d'interruptions, dès qu'elle se trouvait en présence d'une âme en qui elle devinait un vrai besoin de secours, elle semblait n'avoir plus rien à faire qu'à l'écouter ; elle ne pouvait souvent répondre qu'un mot, mais, inspiré par Dieu, il suffisait pour donner la lumière ou rendre la paix. En allant et venant, de son regard scrutateur et quelquefois d'une parole,

elle interrogeait les sœurs du séminaire :
« Comment cela va-t-il? A la pointe de l'épée,
n'est-ce pas? Surtout ne vous découragez pas,
et Dieu aidant vous remporterez la victoire. »
Après de longues années, une sœur, revenant
à la Maison-Mère, allait voir ma sœur Vérot, la
seule à peu près qu'elle y connût encore; elle
se nommait, et notre bonne sœur Directrice,
avec son étonnante mémoire du cœur et de
l'âme, reconnaissait, se rappelait, et trouvait
encore le mot, le conseil qu'il fallait.

De tels faits se reproduisaient sans cesse, et
continuellement aussi, des lettres s'en allaient
dans toutes les directions porter à celles qui
ne pouvaient venir, l'expression d'une sollicitude et d'une affection toutes saintes. Ma
sœur Vérot ne comprenait pas qu'une fille de
la Charité écrivît pour ne rien dire. Pour elle,
ne rien dire, c'était ne pas parler de Dieu.
Aussi sous sa plume tout s'imprégnait de lui.

Dans ses dernières années, alors que le cercle
de ses relations avec les âmes allait toujours
s'élargissant, à mesure que les générations se
succédaient au séminaire, ne pouvant plus suf-
fire à sa volumineuse correspondance, elle rem-
plaçait souvent les lettres par quelques mots
au revers d'images qui, à elles seules, rappe-
laient, résumaient ses enseignements. Au temps
de Noël et du renouvellement de l'année, c'était
le Jésus de ses prédilections, le Jésus de la

crèche, le Verbe incarné, avec cette parole : *Pax hominibus bonæ voluntatis;* quelquefois la Vierge mère était prosternée auprès du divin Enfant, et l'image portait : *Adoro te devote, latens Deitas.* Un peu plus tard, c'était l'intérieur de Nazareth, et au-dessous : *Il leur était soumis.* A Pâques, Madeleine aux pieds du Sauveur ressuscité et lui disant : *Maître.* Rien de pieux, sous une forme affectueuse et aimable, comme les lignes par lesquelles notre digne sœur complétait de sa main ces modestes et gracieux envois.

A une sœur de cuisine :

Ma bonne sœur N..., je n'ai pas le loisir de répondre à toutes vos lettres, mais ce mot vous dira que je suis bien satisfaite de votre dévouement, encore que vous ne puissiez rencontrer une sauce qui aille à tout le monde; mais n'oubliez pas que l'oubli de soi-même est cette sauce par excellence qui convient à tous, et croyez-moi toujours, etc...

Un 31 décembre :

Heureuse année : celle où le travail est facile parce qu'il est l'effet de l'amour généreux qui a tout donné au divin Maître, don sans réserve et sans partage qui doit être soutenu toute la vie malgré les souffrances. Voilà le vrai bonheur !

A une sœur Joséphine, en lui envoyant une image de saint Joseph :

Que votre saint protecteur vous aide, vous assiste, vous protège; qu'il dirige vos saintes fonctions pour la gloire de Dieu, votre sanctification et le bien des chères âmes qui vous sont confiées. Demeurez en paix dans le Seigneur et dans une sainte union avec nous !

Au revers d'une image de l'Ange gardien :

Voici un petit mot sous le patronage du bon ange; confiez-lui vos soucis et vos joies. Celles-ci sont rares, et les souffrances, les contradictions ne vous manquent pas. Espérons que la consolation viendra pour vous et les vôtres, et, quoi qu'il en soit, remettez tout entre les mains de la divine Bonté. Servez les pauvres avec une sainte ferveur, conservez une parfaite charité avec vos compagnes, une obéissance toute de dilection envers votre sœur servante, et que votre cœur soit tout à Notre-Seigneur.

Le jour de l'Annonciation, avec une image rappelant ce mystère :

Voici la servante du Seigneur ! Que de choses admirables dans ce peu de mots ! Marie a tout accepté. Acceptons aussi les peines, les dégoûts, les ennuis, mais avec l'assurance que le service du Seigneur est accompagné de la paix, de la sainte joie que goûtait Marie et que goûte l'âme fidèle qui s'est donnée sans réserve à Jésus.

Et tout cela, comme les innombrables lettres dérobées on ne sait comment à l'engrenage des occupations quotidiennes, était écrit au courant de la plume, sans une rature, sans la moindre altération de cette écriture large et ferme, fidèle peinture du caractère de notre chère sœur. C'est qu'elle écrivait moins avec son esprit qu'avec son cœur, et qu'il n'en coûtait pas plus à son cœur de parler de Dieu qu'à la source de s'épancher.

Comme il est facile de le constater dans les citations qui précèdent, et comme l'ont remarqué toutes les personnes qui ont entendu ma sœur Vérot s'entretenir de choses spirituelles, soit en public, soit en particulier, toujours elle le faisait d'une manière impersonnelle. Par un entraînement bien excusable, ou au contraire avec réflexion pour donner plus de poids à ce qu'elle avançait, elle aurait pu tirer des exemples de sa propre expérience, conseiller ses pratiques, laisser voir ses attraits ; mais dans la plus étroite intimité même, tout cela était entouré de l'impénétrable haie du jardin fermé de l'Épouse. Toutefois, plus notre chère sœur disparaissait en Dieu dans ses rapports avec les âmes, plus celles-ci la retrouvaient se dépeignant à son insu dans ses instructions et sa direction, à tel point que, de l'avis de toutes, pour bien rendre ce qu'elle a été, il suffirait de pouvoir reproduire tout ce qu'elle a dit.

Si donc la parole de ma sœur Vérot a exercé un si grand ascendant, c'est surtout parce qu'elle était l'expression de son âme et de sa vie, parce qu'elle était soutenue par l'irrésistible autorité de l'exemple.

« Tout en elle édifiait, dit une sœur en se

reportant aux souvenirs du séminaire; aussi, quoique ne connaissant ma sœur Directrice qu'imparfaitement et ne la voyant que de loin, nous, petites sœurs, nous étions habituées à la regarder comme une sainte. Ses enseignements étaient sacrés pour nous, moins parce qu'ils nous transportaient que parce qu'ils nous étaient donnés autant par ses actes que par ses paroles. »

Et une de ses anciennes compagnes d'office, après l'avoir au contraire considérée de très près pendant sept ans, affirme n'avoir jamais pu surprendre en elle la moindre concession faite à la nature, et elle ajoute : « Cette pauvre nature humaine, toute pleine de misères, ma sœur Directrice semblait l'avoir anéantie pour élever ensuite sur ses ruines un édifice de sainteté qui l'établissait dans une sphère à part. »

Ce n'est pas sans effort qu'elle était parvenue jusqu'à cette région sereine; ce qu'il lui en avait coûté se lit entre les lignes suivantes qu'elle adressait à une jeune sœur : « Lorsque vous sentez la révolte contre l'humiliation, domptez-vous comme on dompte un homme révolté : on lui met les menottes, on le cloue au mur jusqu'à ce qu'il n'oppose plus de résistance. C'est là la vertu, puisque le mot vertu veut dire force. »

Le premier joug qu'elle imposa à sa nature fut l'habitude de cet acte ou plutôt de cet état qu'elle ne se lassait pas de conseiller : « Vivre dans son néant et dans le tout de Dieu. » Son attitude pendant la prière et l'expression de sa physionomie quand elle parlait de la majesté divine redisaient hautement cette élévation si belle dans sa simplicité, qu'elle avait écrite sur un petit papier, trouvé dans son scapulaire après sa mort : « Je ne suis, ô mon Dieu, qu'un vil néant en votre sainte présence ! Aidez-moi ! gouvernez-moi ! sauvez-moi pour l'éternité ! Je crois, j'aime, j'espère ! »

A ses yeux, il fallait que l'humilité d'une fille de la Charité descendît jusqu'à cette profondeur d'anéantissement pour qu'elle pût accomplir dignement l'œuvre de Dieu. En même temps que la divine Providence a donné à notre Communauté la charité pour élément, ne l'a-t-elle pas établie sur la base de l'humilité et ne lui a-t-elle pas choisi pour fondateur un saint qui est un prodige d'humilité autant que de charité ? C'est surtout ce côté de la vertu de saint Vincent qui attirait notre chère sœur : « Sa charité, disait-elle, trouve assez de panégyristes ; que les sentiments et la conduite de ses filles soient l'apologie de son humilité ! D'ailleurs, si nous enfonçons et arrosons bien la racine, les fleurs et les fruits des bonnes œuvres viendront en abondance. » Et, joignant comme toujours l'exemple au précepte, elle s'appliquait à imiter notre bienheureux Père en ses abaissements, en son mépris et son oubli de soi. Elle paraissait insensible aux mauvais procédés, aux paroles blessantes, arrêtait la louange d'un regard sévère ou disait simplement : « S'il s'est fait quelque bien, à Dieu en soit toute la gloire. »

Jamais elle ne parlait d'elle-même, malgré les innocentes ruses souvent mises en jeu pour l'y amener ; encore moins s'en occupait-elle et en occupait-elle les autres. Elle semblait n'être à ses propres yeux qu'une inconnue, une morte depuis longtemps oubliée. C'est bien ainsi qu'elle se considéra et voulut être traitée à l'époque de sa cinquantaine. Personne, même dans son entourage le plus intime, n'osa dire seulement un mot qui pût empêcher cette date de passer inaperçue, tant la connaissance qu'on avait des pensées de notre digne sœur à ce sujet donnait la conviction qu'on ne saurait lui causer une peine plus sensible. Il fallut donc se résigner à renfermer dans une muette action de grâces, les sentiments que tant de cœurs auraient été si heureux de manifester à cette occasion.

Son corps, ma sœur Vérot le traitait à la manière des saints. Il n'est pas besoin de chercher à pénétrer jusqu'où allait dans le secret, la rigueur de ses austérités, ni même d'interroger les sœurs qui l'entouraient, pour la présenter comme un parfait modèle de mortification. A ce qu'ont déjà rapporté à ce sujet nos sœurs de

Fontenay et de Valenciennes, s'ajoute le témoignage de la Communauté tout entière ; elle pourrait se lever et dire qu'elle a vu notre vénérée sœur Directrice porter pendant dix-sept ans le lourd fardeau de sa charge sans s'accorder un jour, une heure, un instant de trève. Pas une fois pendant cette longue période, on ne l'a vue manquer au lever de quatre heures. Jusqu'à ce que sa dernière maladie l'ait conduite à l'infirmerie pour n'en plus sortir, elle a toujours couché au dortoir, et dans un dortoir du séminaire, sans autre mobilier que celui de la petite sœur, sa voisine, n'ayant qu'une même couverture l'hiver aussi bien que l'été, se diligentant, le matin, pour recevoir à quatre heures un quart les sœurs veilleuses, et depuis ce moment jusqu'au soir, menant la vie commune, observant tous les jeûnes prescrits par l'Église et par la règle, constamment sur la brèche, vaillante, infatigable, se prêtant à tout événement et à toute personne. Pourtant, il n'était pas rare qu'on la vît ou trembler de fièvre ou marcher péniblement, mais il n'y fallait pas prendre garde plus qu'elle ne le faisait elle-même.

« Un jour, écrit une sœur servante, notre bonne sœur Directrice me reprochait de manquer à mon devoir vis-à-vis de la Communauté en ne me ménageant pas assez. Malgré moi, tout le temps de sa cordiale admonition, je méditais ma réponse. « Ma sœur, répliquai-je quand elle eut fini, permettez-moide vous dire ou que vous me donnez là un mauvais conseil, ou que vous agissez contre votre conscience, car vous êtes loin de mettre votre théorie en pratique. — Un malin et bon sourire éclaira sa physionomie : — Mais c'est absurde ce que vous dites là. Tout le monde n'a pas le même tempérament. Je ne puis pas me rendre malade pour vous procurer le plaisir de me soigner ensuite. J'ai une santé de fer; j'ignore ce que c'est qu'un malaise. — Je n'essayai pas de discuter sur cette santé invulnérable. Mais, à quelques jours de là, j'assistai aux instructions des vœux : ma sœur Directrice, ne pouvait dire un mot sans être interrompue par une toux qu'on sentait lui déchirer la poitrine ; autant j'étais ravie de sa parole, autant je souffrais de sa fatigue. Cependant, elle n'omit ni abrégea une de ses instructions; seule la cloche de huit heures put, chaque jour, mettre fin à son supplice. »

Notre chère sœur se plaisait à raconter que sœur Rosalie Rendu, qu'elle avait particulièrement connue et aimée et qu'elle donnait souvent comme modèle de dévouement à Dieu et aux pauvres, avait poussé le renoncement à leur service jusqu'à s'interdire toute sa vie la plus légère distraction. Une fois cependant, cédant après de longs mois aux instances de ses compagnes, elle avait fini par leur promettre d'aller cueillir quelques fruits dans le jardin de la maison. Elle faisait un pas pour s'y rendre quand l'appel d'un pauvre lui fit rebrousser chemin, et elle renonça pour toujours à ce qu'elle appelait « sa partie de plaisir ». Mais les compagnes de ma sœur Directrice assurent qu'elles n'ont jamais pu la déterminer à faire même cet unique pas en dehors du strict accomplissement de son devoir.

Depuis qu'une généreuse donation avait permis d'établir à Sevran une maison de repos pour les sœurs du séminaire fatiguées ou convalescentes, ma sœur Vérot y allait, il est vrai, de loin en loin. Mais ces excursions n'étaient pour elle qu'un devoir et un labeur de plus. C'est elle qui avait organisé jusque dans le moindre détail l'installation de cette petite succursale et qui en avait assuré le bon ordre par un règlement, chef-d'œuvre de sagesse et de précision. Chacune de ses visites de quelques heures était consacrée à se faire rendre compte, à tout voir par elle-même, à recevoir les sœurs, à s'assurer surtout que les vieillards étaient contents et qu'ils ne manquaient de rien. L'heure du départ venait avant qu'elle se fût reposée, et durant le trajet du retour comme en venant, elle lisait le courrier du séminaire.

Ma sœur Vérot avait donc une grande autorité lorsque souvent elle rappelait que le travail est la première mortification obligatoire des filles de la Charité.

En vérité, disait-elle, nous arrivons à des temps où l'on a bien de la peine à comprendre cela. Une jeune sœur se croira malheureuse, se posera en victime, ou parce qu'on l'occupe toute la journée au même ouvrage, ou parce qu'elle n'a pas un moment de récréation, ou parce que sa sœur servante lui donne du linge à coudre, à repriser, après sa classe. — Mais, ma sœur, c'est là une grande aberration d'esprit. Vous êtes fille de la Charité, donc vous devez travailler, et si vous entendez ne pas le faire ou ne le faire que selon votre caprice, vous n'avez qu'à retourner chez vous pour méditer de nouveau sur le choix de la Communauté dans laquelle vous devez entrer. Il y a des Communautés où l'on est en adoration la plus grande partie de la journée ; d'autres où l'on se mortifie par la discipline, le cilice, le jeûne ; dans la nôtre, on se mortifie par le travail.

Toutefois, ajoutait-elle, la mortification extérieure est un moyen, mais non la fin de la perfection. La fin est de rendre à la partie supérieure de l'âme la plénitude de sa royauté sur la partie inférieure, et on y arrive en mortifiant non seulement le corps, mais surtout l'esprit et le cœur. C'est ainsi que les saintes filles de la Charité ont pratiqué ce qu'il y a de plus parfait, et cela simplement. Ne dégénérons pas. La mortification, l'abnégation complète, la séparation des créatures doivent rester dans la Communauté comme choses naturelles.

Pour mortifier l'esprit, ma sœur Vérot exhortait à le plier, à le briser s'il le fallait, sous le joug de l'obéissance. Et comme elle-même a aimé et pratiqué cette vertu ! La règle, cette règle dont la sagesse la ravissait et qu'elle expliquait avec une si lumineuse clarté, comme elle l'observait ! C'était son unique manuel de perfection, son élément, sa vie. Les Supérieurs,

5.

elle les voyait toujours revêtus de ce manteau de l'autorité divine dont elle disait des choses admirables. Aussi son respect et sa soumission à leur égard, s'élevant jusqu'à Dieu, étaient une sorte de culte ; dès qu'ils avaient parlé, sans examiner ce qu'il pourrait lui en coûter de renoncements et de sacrifices, elle adhérait avec amour. Avec quelle énergie et quelle onction elle parlait des liens que notre vœu d'obéissance établit entre nous et le successeur de saint Vincent, et avec quelle humble, quelle filiale vénération elle ccueillait tout ce qui venait de lui !

« Que de fois, disaient après sa mort les dernières sœurs qui l'ont vue au séminaire, que de fois nous nous sommes montré avec édification ma sœur Directrice abordant notre très honorée Mère dans la cour, ou lui parlant tandis que nous défilions au pied du grand escalier ! Comme elle se faisait petite, et comme son air humble et respectueux grandissait l'obéissance à nos yeux ! »

Mais ma sœur Vérot ne dépendait pas seulement des Supérieurs : elle était à la merci de tout le monde, et dans cette sujétion son esprit de mortification trouvait un continuel aliment. « Qu'est-ce qui vous coûte le plus ? » demandait-elle à une sœur qui débutait dans la vie des œuvres, après s'être attardée dans le monde et y avoir dirigé la maison de son père. — Ma sœur, c'est de ne pouvoir organiser ma journée dès le matin et de dépendre d'une première d'office qui me donne l'ouvrage goutte à goutte, sans que je sache jamais quel est le travail que je ferai après celui qui m'occupe pour un moment. — Oh ! le bon exercice, ma fille ! Le bon Dieu qui sait que j'en ai encore plus besoin que vous, me l'a ménagé aussi dans une plus large mesure. Voyez, au lieu d'une première d'office, j'en ai trois. — Et, en riant, elle montrait les trois portes de son cabinet, qui, l'une après l'autre, et souvent toutes à la fois, s'ouvraient du matin au soir, pour livrer passage à des sœurs qui venaient ou réclamer une partie de son temps pour elles-mêmes, ou l'enlever à l'attente des sœurs du séminaire pour la conduire soit au parloir, soit à l'infirmerie, soit auprès de notre très honorée Mère. Le temps, les circonstances étaient en outre aux yeux, de sa foi, autant d'agents de la volonté de Dieu, et elle faisait encore profit des occasions de se renoncer qui lui venaient par leur moyen.

Avec l'immolation de son corps assujetti à un travail accablant et le sacrifice de son esprit mortifié par la pratique de l'obéissance non seulement aux Supérieurs, mais à toute créature, notre chère sœur offrait continuellement à Dieu l'holocauste d'un cœur dégagé de tout lien terrestre par un ardent amour pour la pauvreté et la chasteté.

Sa singulière dévotion pour saint Benoît Labre disait jusqu'où allait son mépris pour tous les biens et toutes les sensualités du monde. Elle vénérait ce bienheureux pauvre comme un grand prédicateur suscité de Dieu pour confondre par le miracle de sa vie l'orgueil, la cupidité et la mollesse de notre siècle, et, animée des mêmes sentiments que lui, elle les traduisait à l'extérieur par tous les retranchements que comportent l'esprit et les usages de la Communauté. Il fallait user de ruse — et la ruse n'était pas facile avec elle — pour remplacer son habit lorsqu'il n'était plus raccommodable. Quant à ses vêtements de dessous, on avait dû se résigner à la laisser les aller chercher elle-même au magasin parmi les objets à demi usés par les sœurs du séminaire. Une visitatrice aime à se rappeler le saint débat que, étant sœur d'office au séminaire, elle avait vu s'élever entre ma sœur Buchepot et ma sœur Vérot au sujet d'un vieil habit que toutes deux convoitaient. Ma sœur Vérot, ajoute cette sœur, dit à ce propos de si belles choses sur la conduite des Pères du désert à l'égard de leurs disciples, que ma sœur Buchepot dut lui procurer cette occasion de faire un acte de pauvreté.

Mais quand, au lieu de cette pieuse émulation dans la pratique du dénuement, notre digne sœur rencontrait quelque attache à des bagatelles, quelque recherche dans le costume ou quelque velléité de retour vers les misérables futilités du monde, elle s'indignait et flétrissait ces faiblesses avec mépris : « Avoir un cœur fait pour Dieu et s'abaisser jusque-là ! » disait-elle. S'il arrivait qu'une sœur parût devant elle portant des chaussures autres que les souliers traditionnels de la Communauté ou un châle de fin tissu ou de tricot, si ses mains attestaient l'usage de savon parfumé, elle était assurée de recevoir une verte réprimande : « Mais, ma sœur, puisque vous avez encore des préoccupations de toilette, retournez dans le monde où elles sont permises et laissez-nous notre belle simplicité. »

Dans la tenue et les manières, elle ne souffrait non plus rien qui sentît la mollesse ou le désir de plaire ; et jusqu'à la fin de sa vie elle a imposé à ses sens le joug d'une mortification qu'elle estimait la plus sûre gardienne de la virginité de l'esprit et du cœur. Les souvenirs précieusement recueillis sur elle dans sa famille en offrent une édifiante preuve. « L'un de ses frères, y est-il dit, étant allé la voir à la rue du Bac, montait et descendait tout le long du parloir en l'attendant. La porte du fond s'ouvre enfin et il s'avance à la rencontre de sa sœur. Elle, les yeux baissés et les mains dans les manches, arrive auprès de lui, et, sans regarder : « Est-ce le monsieur qui me demande ? dit-elle. — Est-ce la sœur que j'attends ? » répond-il. A cette voix aimée, elle lève les yeux, reconnaît son frère, le conduit dans son cabinet, et là seulement lui témoigne sa joie de le voir. »

Une autre page des mêmes souvenirs nous dira comment notre chère sœur réduisait en pratique ses émouvantes exhortations sur le dégagement du cœur, sur la séparation de tout ce qui peut le retenir dans son essor vers Dieu.

En 1862, son père avait quatre-vingt-dix ans et sa mère était également avancée en âge. Ils ne l'avaient jamais revue depuis son entrée en Communauté. M. de Vérot, désirant ardemment bénir une dernière fois les neuf enfants qui lui restaient encore, sollicita du Supérieur général de la Compagnie, qui était alors M. Étienne, la faveur de voir sa fille à cette suprême réunion. Notre très honoré Père fit appeler notre chère sœur, lui communiqua la lettre de son père et la laissa libre de faire ce qu'elle voudrait. Elle se rendit à la chapelle, et bientôt après revint soumettre à M. le Supérieur général la réponse qu'elle avait tenu à donner elle-même à son vénérable père ; faisant appel à ses sentiments de foi et à l'amour du devoir qu'il lui avait inculqué, elle le conjurait de trouver bon qu'elle ne revînt pas en arrière dans la voie du sacrifice. De cette lettre, malheureusement égarée, il est une parole qu'aucun membre de la famille n'a pu oublier. Puisse-t-elle s'imprimer en traits ineffaçables dans le cœur de toutes celles qui la liront ici! « Quand Dieu demande, il n'y a qu'à obéir, car si on rompt un anneau de la chaîne des grâces, on ne peut plus la renouer.» M. et Mme de Vérot se soumirent avec une admirable résignation, mais ils réclamèrent, à titre de dédommagement, au moins la photographie de leur fille. Elle s'excusa encore à cause de l'exemple qu'elle devait donner : « Je ne puis pas, dit-elle, faire une chose que je n'approuve pas pour les autres. » Elle était alors seconde Directrice du séminaire. Plus tard, au temps où elle était Économe, elle eut occasion de traverser Avignon qu'habitait alors sa mère; il lui eût été facile de s'arrêter entre deux trains; mais elle n'en fit rien, n'en dit rien, et ce ne fut que longtemps après qu'une circonstance fortuite révéla le sacrifice qu'elle s'était imposé.

Néanmoins, il s'en fallait que le foyer où elle avait passé de si heureuses années lui fût devenu indifférent. Chaque fois que la mort le visitait, son cœur était profondément déchiré, mais rien à l'extérieur ne laissait deviner sa souffrance. Quand elle perdit sa mère, sa sainte mère, personne autour d'elle ne l'aurait su si une dépêche n'était venue trahir le douloureux secret qu'elle cachait sous le voile de son activité et de sa sérénité accoutumées. Cependant les siens n'ignoraient pas que, pour être offertes à Dieu en holocauste, ses affections n'en étaient que plus pures et plus fortes. « Mon cœur ne change pas, leur écrivait-elle, mais il remet à plus tard la jouissance. Ma joie parfaite est dans ce bonheur à venir qui fera oublier tous les sacrifices du temps. »

En tout, notre chère sœur remettait ainsi la jouissance à plus tard. Avec toute l'énergie de son esprit de mort et toute la délicatesse de son amour de préférence pour le divin Époux, elle veillait sur son cœur et en arrachait sans pitié jusqu'à la plus petite de ces fibres moins surnaturelles que saint François de Sales ne pouvait souffrir dans le sien.

« Un jour, dit une sœur d'office, j'apportai à ma sœur Directrice un recueil de chants pour les vœux en la priant d'en choisir un pour la fête prochaine. Son visage s'illumina en reconnaissant les petites compositions si pieuses de ma sœur Buchepot ; mais aussitôt, fermant le livre, elle se mit à ranger diverses choses dans son bureau. Quelques minutes après seulement, elle reprit lentement le recueil, d'un air indifférent, et sans le feuilleter me donna l'indication que je désirais. Jamais je n'ai oublié ces quelques minutes, ni ce qu'elles m'ont appris touchant la vigilance et la force que donne la volonté de ne pas supporter le plus léger atome entre Dieu et soi. »

« S'attacher à elle naturellement, écrit une autre sœur, me semblait impossible. Je la voyais dans une atmosphère si pure que je n'aurais pas eu l'idée de lui dire une parole fade ou banale. De même que le charbon ardent ne reçoit l'encens que pour lui faire exhaler un parfum qui s'élève vers le ciel, de même ma sœur Directrice ne possédait nos cœurs que pour faire monter vers Dieu ce qu'elle y trouvait de bon, ne gardant pour elle que nos misères afin de nous aider à nous en affranchir, et par là trouver encore le moyen de glorifier Dieu. »

Voilà donc la vie que ma sœur Vérot avait achetée par tant de morts, la vie en Dieu, la vie de Dieu, vie large et féconde qui, même ici-bas, trouve sa récompense dans la grandeur de ses œuvres et l'abondance de ses joies. Elle semblait hors d'elle-même lorsqu'elle en découvrait les horizons dans une de ses instructions des vœux :

Oui, disait-elle, donnons tout pour trouver tout ! Sacrifions-nous sans mesure pour aimer sans réserve et sans partage ! C'est la doctrine et la pratique des saints, et entre tous de notre bienheureux Père. Où rencontrera-t-on cet amour si ce n'est chez les filles de la Charité ? Nos premières sœurs en étaient embrasées. Mais maintenant on ne sait plus à qui confier certains offices, on hésite à demander certains sacrifices dans la Communauté. D'où cela vient-il ? C'est qu'il n'y a plus d'amour de Dieu. On veut des tendresses, on lit des livres qui ne respirent que les douceurs d'une piété de sentiment, et, après ces lectures, si la réalité est en contradiction avec ce qu'on a lu, on croit que tout est perdu.

La vraie monnaie pour acheter les transports de l'amour de Dieu, nos sœurs, c'est le sacrifice. Faites un pas dans la voie du sacrifice et Dieu vous en fera faire dix dans la voie de l'amour. Travaillez, gardez le silence, supportez les contrariétés, acceptez de prier sans consolation si Dieu ne juge pas à propos de vous en donner; c'est ce que saint Vincent appelait aimer Dieu à la sueur de son front. Ne dites jamais : « J'ai fini mon ouvrage. » Les premières filles de la Charité disaient au contraire : « Ne nous reposons pas sur la terre, nous aurons toute l'éternité pour cela. » Celles qui donnent et se donnent ainsi ne sont pas à plaindre, croyez-le; car cet amour réel, effectif, est largement récompensé par Celui qui a promis le centuple dès cette vie et la vie éternelle dans l'autre, aux âmes qui ont tout quitté pour le suivre.

Dans une autre circonstance elle disait encore :

Quand vous aurez vidé votre cœur de tout le créé, l'amour de Dieu s'y précipitera comme un torrent. Votre cœur ne sera plus votre cœur; ce sera le sanctuaire de Dieu. Et quelles merveilles s'opéreront alors ! Quelle transformation ! Qui peut définir l'amour ? Conjurez, implorez, suppliez Notre-Seigneur d'en allumer dans votre âme le feu dévorant, ce feu qui consume tout le reste pour ne laisser subsister que Dieu seul, le Créateur, l'amabilité souveraine, la béatitude éternelle !

Pour parler ainsi de ce feu divin, n'en faut-il pas être embrasé ? Il y avait longtemps en effet que Notre-Seigneur, réalisant la promesse qu'il a faite à celui qui croit en lui, était venu établir sa demeure dans l'âme de sa servante et en avait fait un foyer de charité : « Quand une sœur, disait-elle, après s'être levée à quatre heures, a fait fervemment son oraison et la sainte communion, n'est-elle pas entourée d'un auréole et ne doit-elle pas être comme une lumière pour toutes les personnes qui l'approchent ? »

C'est bien ainsi qu'elle était elle-même, non seulement le matin, mais tout le long du jour, car elle conservait Dieu en son cœur, lui parlant quand elle ne parlait pas de lui, se réjouissant dans la pensée qu'elle ne pouvait vivre hors de lui, et que si le voile que sa foi et son amour lui rendaient presque transparent se déchirait, elle se verrait plongée, abîmée dans l'immensité de Dieu, enveloppée des splendeurs de sa lumière. A l'entendre dire ces choses quand elle traitait de l'esprit d'oraison et de l'exercice de la présence de Dieu, à l'insistance qu'elle mettait à démontrer que rien n'est si nécessaire, si avantageux, et en même temps si facile à une fille de la Charité que le recueillement habituel, il était aisé de comprendre que ce qu'elle disait était le fruit de son expérience quotidienne. Les sœurs qui l'approchaient de plus près n'en pouvaient douter ; plus d'une fois, la surprenant quand elle était seule, elles l'avaient trouvée comme perdue en Dieu, et en l'épiant, même au milieu des occupations multiples et du va-et-vient de sa vie extérieure, elles remarquaient à la dérobée des regards et des sourires qui trahissaient comme une vision du ciel.

On éprouvait la même impression quand on lui entendait dire à haute voix les prières, surtout l'invocation *Sancta Trinitas unus Deus*, le *Veni Sancte Spiritus*; au temps de Noël, *Et Verbum caro factum est*, et tous les jours, à trois heures, l'acte d'adoration. En effet, la dévotion à la très sainte Trinité, au Saint-Esprit, aux anéantissements de l'incarnation et de la passion, attirait particulièrement sa piété. Mais, entre tous ces mystères, aucun ne dilatait, ne ravissait son âme comme celui de la naissance de Notre-Seigneur. La préparation de la crèche était sa plus douce joie de l'année. Elle inspirait et encourageait le zèle des ouvrières, celui des chanteuses qui devaient remplir l'office des anges auprès du saint berceau, et elle se réservait celui de la très sainte Vierge. Avec quelle délicatesse et quel amour elle emmaillotait l'Enfant et le couchait dans la crèche! Dans quelle extase elle se perdait ensuite lorsque, prosternée à ses pieds, elle le contemplait longtemps !

En Marie, notre chère sœur aimait d'une tendresse filiale et ne se lassait pas d'exalter la Mère de Dieu, l'unique Mère de la petite Compagnie, la Vierge immaculée, la Vierge puissante, la Reine des Vierges. Elle pressait son cher troupeau de courir à l'odeur de ses parfums, d'imiter ses vertus, surtout son humilité et sa pureté. Elle donnait encore l'exemple du confiant recours à saint Joseph, le protecteur du séminaire et le modèle de la vie intérieure.

Mais comment dire son admiration et son amour pour saint Vincent ! Quand même Dieu ne le lui eût pas donné pour Père, il n'en aurait pas moins été le saint de ses prédilections, tant elle trouvait en lui l'idéal de ses vertus préférées : la sagesse, l'abandon à la conduite de Dieu, l'humilité, la charité. Aussi comme elle avait l'intelligence de ses enseignements ! Comme elle désirait d'un ardent désir les inculquer, les voir toujours plus en honneur dans la Communauté ! A l'occasion d'une réparation faite autrefois à la châsse où reposent ses précieux restes, il avait été donné à notre chère sœur de tenir entre ses mains et de presser contre son front la tête de notre saint Fondateur. Que s'était-il passé entre elle et lui ? Elle ne l'a jamais dit, mais de longues années après, elle ne pouvait se défendre d'une vive émotion en évoquant cet ineffaçable souvenir.

Saintement fière aussi de notre vénérable Mère, ma sœur Vérot aimait, comme elle l'a fait dans sa déposition pour l'introduction de la cause, à montrer ce grand esprit, ce grand cœur, cette âme toute remplie de Dieu, perdue dans les profondeurs de la vie cachée et n'accomplissant sa mission de fondatrice qu'à l'ombre de saint Vincent : « Il me semble, ajoutait-elle, voir une crypte qui supporte sans effort le monument construit au-dessus, parce que ses proportions sont en complète harmonie avec lui. »

Ce monument, chef-d'œuvre de la sagesse divine, la Compagnie des filles de la Charité, notre chère sœur ne pouvait le considérer et en parler qu'avec de saints transports. Tout ce qui est écrit dans les livres saints de la céleste Jérusalem, elle l'appliquait à sa chère Communauté :

C'est ici, disait-elle, la maison de Dieu, bâtie sur la pierre ferme... Ses murailles sont de pierres précieuses... Des filles lui sont venues de près et de loin... Le Seigneur a fortifié les barrières de ses portes... Il a établi la paix jusqu'à ses confins et il la rassasie du plus pur froment... Qu'une multitude de biens soient le partage de ceux qui t'aiment, ô cité sainte !... Que ma main droite se dessèche et que ma langue s'attache à mon palais, si je t'oublie, ô Jérusalem !

De tels élans étaient rares chez ma sœur Vérot. Elle n'en était pas moins sobre que saint Vincent qui, traitant le même sujet, ne craignait pas cependant de s'écrier, lui aussi : « Cette œuvre est telle que je ne vois rien de plus grand dans l'Église de Dieu ! »

Comme la piété de notre saint Fondateur, celle de notre chère sœur, basée sur l'esprit de foi et alimentée par le sacrifice, était très simple à l'extérieur. En dehors de la fidélité aux exercices et aux pratiques de la Communauté, accomplis selon l'esprit si parfait de la règle, tout lui paraissait suspect, et elle ne se permettait rien à elle-même. Très éloignée de l'exagération et de l'enthousiasme, elle les combattait tantôt avec vigueur, tantôt avec finesse, disant : « On croit toujours dans le temps où nous sommes qu'on est dans des états surnaturels, et jamais on n'a moins su ce que c'est que s'élever au-dessus de la nature. »

Plaire à Dieu et à lui seul, lui plaire en tout puisqu'il voit tout, et lui plaire par un complet abandon à sa volonté, telle était en abrégé toute la dévotion de ma sœur Vérot.

Qu'est-ce que la prière? disait-elle, c'est une élévation de notre âme vers Dieu. Mais donnez-moi une personne qui aime vraiment Dieu, et quoi qu'elle fasse extérieurement, s'élevant au-dessus d'elle-même, elle considérera Dieu et fera tout converger vers lui. Ainsi, en allant voir ses pauvres, une sœur pense qu'elle visite Notre-Seigneur; elle cherche à étendre son règne, à lui donner des témoignages de son amour, et, dans cette sainte préoccupation, elle oublie tout, elle s'oublie elle-même. Est-ce qu'elle ne fait pas au milieu du monde, par les rues et les mansardes, un acte de dévotion aussi parfait que la religieuse qui verse des larmes d'amour dans son cloître?

La vie de notre chère sœur n'était qu'un enchaînement de tels actes : « Nous étions convaincues, disent ses compagnes, qu'elle mettait autant de soin à choisir le morceau de pain qui convenait à l'âge ou à la santé de chaque sœur du séminaire, les jours de jeûne, qu'à préparer ses instructions les jours de fête. »

Entre les paroles de David qui revenaient sans cesse sur ses lèvres, il en était peu qu'elle répétât aussi souvent que celles-ci : « Le Seigneur me conduit, rien ne me manquera. » En présence d'épreuves tout à fait imprévues, de contradictions qui devaient lui être très sensibles, on l'a vue, maintes fois, demeurer calme, disant : « Ce doit être bon, puisque Dieu l'a permis. » Ou bien : « En toutes choses suivons les événements avec grande confiance en la conduite de Dieu. C'est lui qui gouverne la Communauté. » Vers la fin de son triennat d'Économe, de près et de loin, on se préoccupait de l'avenir que la divine Providence lui réservait : « Où vous adresserai-je ma prochaine lettre ? » lui écrivait une sœur. — Elle me parviendra où je serai, répondit-elle, toujours dans la délicieuse maison de la divine volonté. »

« Il y a déjà bien des années, dit une ancienne sœur d'office, une de mes compagnes confia son désir d'aller à l'étranger à ma sœur Directrice, au moment où le départ de deux autres sœurs venait de désorganiser le service du séminaire. Ma sœur Directrice lui conseilla d'attendre un peu. Quelque temps après, la sœur tomba malade, mais se remit assez promptement. Avant même que la convalescence fût achevée, ma sœur Directrice pressait cette chère sœur de faire connaître son désir à notre très

honorée Mère, et elle me disait : « J'ai eu peur
« que le bon Dieu me la prenne, parce que
« j'avais hésité à la lui donner. »

Le premier mot, le moindre signe la trouvait toujours prête au contraire à faire de sem-
blables sacrifices; elle les envisageait selon
le conseil qu'elle donnait aux autres, « sous le
jour si lumineux de la volonté de Dieu où se
trouvent la joie et la paix qui passent tout sentiment. »

« C'est le propre du feu d'éclairer et d'échauf-
fer, disait saint Vincent, et c'est aussi le
propre de l'amour de se communiquer. » Ainsi,
de l'âme de notre chère sœur où la divine charité régnait en souveraine, elle se répandait sur
toutes les personnes que la divine Providence
mettait une fois en rapport avec elle. Nous
n'avons pas à redire ce qu'étaient les ardeurs
de son zèle, sa jalousie de Dieu pour les âmes,
son infatigable dévouement à leur service.
Mais tandis qu'elle leur prodiguait la nourriture
spirituelle, tandis qu'elle les portait vers Dieu
par la force et l'onction de sa parole, elle les
encourageait en leur essor, les soutenait dans
leurs défaillances, et les relevait dans leurs
chutes par les saintes industries de sa charité.

Large et abondante, s'étendant à tous les instants et à tous les détails, ne faisant défaut à

6

aucune souffrance, ni à aucune faiblesse, cette charité était en même temps accompagnée d'une prudence et d'une discrétion qui en faisaient un trésor à l'abri de toute atteinte. Jamais elle n'abusait d'une confidence, jamais elle ne laissait même soupçonner qu'elle eût à garder un secret ; jamais ses rapports extérieurs avec une sœur ne permettaient de deviner ce que sa perspicacité, les circonstances ou les aveux de la sœur elle-même lui avaient appris de son intérieur.

Les remarques de celles qui ont eu le bonheur d'être à diverses époques sœurs d'office sous sa direction sont unanimes sur ce point : « Pas une fois, disent-elles, pendant nos récréations si gaies, si cordiales, nous n'avons entendu ma sœur Directrice faire allusion, même en plaisantant, à l'un de nos défauts. Certes, elle les connaissait bien et elle nous en avertissait et nous en reprenait avec fermeté en particulier ; mais, hors de là, elle ne savait plus que les couvrir du manteau de sa charité. Elle avait un tact parfait pour insinuer l'esprit de concorde, maintenir la paix, apaiser les petits différends ; elle ne donnait ouvertement tort ou raison à personne, se réservant de régler toutes choses dans le secret, et alors elle savait si bien nous inspirer de l'estime les unes pour les autres que chacune de son côté s'avouait coupable et trouvait ses compagnes bien meilleures qu'elle. Si dans ses instructions au séminaire elle traitait plus volontiers du mépris de soi-même, du détachement, de l'union à Dieu, quand elle nous voyait réunies autour d'elle dans l'intimité de son cabinet, c'était presque toujours de la charité qu'elle nous entretenait. Aussi nous éprouvions une vraie joie à saluer son entrée par le chant de l'*Ecce quam bonum* ; un sourire radieux nous disait chaque fois que nous allions droit à son cœur.

« La bonne entente qu'elle nous prêchait continuellement de parole et d'exemple, ma sœur Directrice l'étendait jusqu'aux plus lointaines régions ; aux jours de fêtes elle se plaisait à faire en esprit le tour du monde pour rappeler à notre souvenir toutes nos anciennes compagnes. Au moment des départs pour l'étranger, rien n'était si touchant que le soin avec lequel ma sœur Directrice choisissait une foule de petits objets dont elle chargeait les voyageuses pour les sœurs de sa connaissance qu'elles allaient rencontrer. En ces occasions, le seul désir de resserrer les liens de la divine charité lui faisait accomplir des merveilles de mémoire et de délicatesse. Et vis-à-vis de celles qui partaient, quelle force et quelle tendresse à la fois ! Quant à celles qui ont eu le bonheur de revenir depuis leur départ se retremper auprès de ma sœur Directrice, elles ne peu-

vent sans émotion se rappeler de quelles attentions elle les entourait, avec quelle sollicitude
elle s'informait de ce qui leur manquait pour
y pourvoir, combien elle se préoccupait plus
encore de savoir si l'esprit de la Communauté
régnait dans leur mission, si l'union et la sainte
cordialité y étaient bien en honneur.

« C'est ainsi que ma sœur Directrice, tout en
nous faisant trouver auprès d'elle un avant-
goût du paradis, nous préparait par ces rapports étroits et continuels avec nos anciennes
compagnes à les suivre dans la voie du sacrifice. Elle voulait que nous fussions disposées
à demeurer au séminaire aussi longtemps que
nos vénérés Supérieurs jugeraient à propos de
nous y laisser ; mais elle aurait vu avec peine
que nous n'eussions pas estimé très heureuses
celles qui étaient appelées au service direct des
pauvres, surtout à l'étranger. Elle se réjouissait quand nous lui manifestions le désir d'un
plus grand dévouement, d'une plus complète
immolation ; et cependant, avec une admirable
sagesse, elle savait modérer l'empressement
qui nous aurait exposées à enjamber sur la
Providence. »

En dehors de ce cercle privilégié, bien souvent renouvelé, on ne saurait compter les sœurs
qui, au ciel et sur la terre, ont quelque obligation de reconnaissance à ma sœur Vérot. Beaucoup doivent la conservation de leur vocation

autant à la bonté qu'elle leur a témoignée, qu'aux avis qu'elle leur a donnés ; d'autres la bénissent de la fin chrétienne de leurs proches qu'elles attribuent à ses prières et à celles du séminaire, dont elle savait si bien stimuler la foi et la ferveur quand elle recommandait de telles intentions. Plusieurs se rappellent aussi avec attendrissement, que le bien-être est peu à peu rentré dans leur famille, à partir du jour où elles ont confié le secret de sa misère au cœur si large et si compatissant de notre chère sœur.

Elle ne cherchait toujours qu'à diriger les âmes vers Dieu. Or, dans la crainte qu'en s'arrêtant à elle, les actions de grâces ne s'élevassent ensuite moins pures vers l'Auteur de tout bien, ma sœur Vérot cachait le plus qu'elle pouvait sa charité sous des formes rondes et même sévères ; mais parfois néanmoins, il se faisait en quelque sorte des jours sur des horizons de tendresse, comme en renferment les cœurs des saints, et comme nous en a laissé voir notre divin Sauveur lui-même.

C'était surtout auprès de ses petites sœurs malades que se trahissait la sensibilité de ma sœur Vérot : « Guérissez-vous, mes pauvres enfants, disait-elle dans ses visites à l'infirmerie, j'ai trop de chagrin de vous voir ici. » Dès que le mal devenait sérieux, l'inquiétude s'ajoutait à la peine ; à chaque moment de liberté, vingt fois le jour et plus, ma sœur Directrice revenait auprès de la malade ; elle aurait voulu pouvoir ne pas la quitter, et le soir, la sœur infirmière devait lui bien promettre que s'il survenait quelque complication durant la nuit, elle irait la chercher. Toutes les ressources de la science et de l'affection étaient mises en œuvre pour procurer la guérison, ou tout au moins le soulagement. Son angoisse était telle que les médecins lui cachaient le plus longtemps possible le danger comme on le cache à une mère. L'un d'eux parlant avec respect de sa mâle vertu, ajoutait : « Mais quand il lui faut faire le sacrifice d'une de ses petites sœurs, ma sœur Directrice n'est plus ma sœur Directrice. » Et une dame venue de province disait : « Jamais je n'oublierai ce que j'ai vu. Ma sœur Directrice souffrait autant que moi au chevet de ma fille ; elle a un vrai cœur de mère. » Néanmoins, s'élevant au-dessus de sa douleur, elle se préoccupait surtout de l'âme de la chère malade, lui procurait tous les secours spirituels, l'aidait par ses exhortations à en profiter et à faire le sacrifice de sa vie avec la paisible confiance d'un enfant qui s'abandonne au meilleur des pères.

En décembre 1883, elle écrivait à une de ses anciennes compagnes :

L'année qui s'achève vous a presque ouvert le ciel, car vous avez été bien malade. Fort heureusement, le divin Maître a entendu les prières qui lui ont été adressées et il vous a ramenée à la vie ; qu'il en soit béni ! Je n'aime pas à voir partir si vite quand les bras manquent de tous côtés. Mourez à vous-même tant que vous voudrez ; mais, de l'autre mort, le plus tard possible. Je vous souhaite donc la joie de vivre pour la gloire de Dieu, pour le bien des âmes et pour la consolation de vos amies ; y a-t-il rien de plus excellent ?

Même dans le détail de la vie, quoique ma sœur Vérot ne laissât guère paraître que les côtés élevés de l'amour maternel, il n'était pas inouï qu'elle en eût les charmantes faiblesses. On pourrait citer certainement bien des traits pareils à celui que rapporte une sœur : « Un jour, pendant mon séminaire, dit-elle, ma sœur Directrice me fit appeler vers onze heures à son cabinet. Assez émue j'entrai faisant mon examen de conscience, et fus toute surprise de m'entendre dire : — Allez chercher votre couvert au réfectoire, et montez bien vite à l'infirmerie. — Mais, ma sœur, je ne suis pas malade. — Non, non, mais vous allez faire un peu fête. Votre compagne de postulat a reçu du pain d'épice ; il y en a pour tout le monde, vous en profiterez. »

C'est surtout avec les pauvres que ma sœur Vérot ne gardait rien de son apparente sévérité, se montrait bonne, simple, maternelle, et néanmoins, quelle nuance marquée de respect caractérisait ses rapports avec eux ! Entre toutes ses mortifications, nous ne craignons pas d'affirmer que la plus dure a été son éloignement des pauvres. Elle s'en dédommageait en s'efforçant de leur préparer de bonnes servantes. Quand elle parlait d'eux, la charité de saint Vincent débordait de ses lèvres. Il lui semblait ne jamais assez recommander aux jeunes sœurs le dévouement, les attentions délicates, le pieux support, l'amour de préférence dus à nos chers Seigneurs et Maîtres.

Parfois, un de ces pauvres êtres disgrâciés qu'elle avait soignés entre tous, à Fontenay et à Valenciennes, venait la voir au séminaire. C'était pour ma sœur Directrice une consolation, une joie à laquelle toutes ses compagnes devaient s'associer. La nécessité de se défendre contre les envahissements du dehors, la rendait moins accessible à ses anciennes connaissances de Saint-Sulpice ; mais elle leur envoyait par les sœurs d'office des assurances et des témoignages de son charitable intérêt. Cependant, parmi ces pauvres gens, il en était que ses bienfaits ne consolaient qu'imparfaitement du chagrin de ne plus la voir. Ils finirent par découvrir que deux fois l'an le séminaire allait à Saint-Lazare. Aux deux fêtes de saint Vincent, ils attendaient donc ma sœur Vérot à sa sortie, et en lui faisant une escorte dont elle était fière, ils lui racontaient leurs affaires, leurs soucis, et recevaient ses conseils. Dans les rares circonstances où la chapelle de la Maison-Mère était ouverte aux fidèles, une de ses élèves accourait avec sa nombreuse famille et faisait défiler tout son monde devant ma sœur Directrice, le père soulevant tour à tour les plus jeunes enfants pour qu'elle leur fît un signe de croix sur le front.

Si une sœur de paroisse allait la voir : « Et vos pauvres, lui disait-elle, que voulez-vous pour eux ? Voilà des bas, cela vous va-t-il ?... Et ce châle pour une bonne vieille... Et cette robe pour un bébé... Et ce livre pour une jeune fille... Et encore, ceci, cela... Cette fois, il n'y a plus rien, c'est tout pour aujourd'hui. » Et son visage resplendissait : c'était un rayonnement.

Un jour de l'Annonciation, on la surprit ainsi transfigurée aux pieds de la petite fille pauvre que le séminaire a coutume d'habiller à chaque fête de la sainte Vierge. Elle était restée seule avec cette enfant pendant que la sœur d'office qui la lui avait amenée était allée chercher ses compagnes. Celles-ci, accourant plus tôt que ma sœur Vérot n'avait pu le supposer, la trouvèrent à genoux, la physionomie radieuse, perdue sans doute dans la contemplation de Celui qui a dit : « Ce que vous ferez au moindre de ces petits, c'est à moi-même que vous le ferez. »

Quand une généreuse bienfaitrice donna la maison de Sevran à la Communauté, ma sœur Vérot dit qu'elle ne pourrait se résoudre à conduire les sœurs du séminaire dans une si belle propriété, sans y installer d'abord les pauvres. Elle obtint donc l'autorisation d'y entretenir quelques vieillards. Il fallait voir son bonheur quand on lui faisait quelque don pour cette œuvre de son cœur, ou lorsque, entourée de ces pauvres gens, elle leur distribuait, avec de bonnes paroles, de petits présents et des douceurs de leur goût; ils l'écoutaient comme une mère. Elle avait recommandé que, tout en gardant un ordre parfait, ils ne fussent ni gênés, ni tourmentés, afin qu'ils pussent se croire dans leur famille. Pour les attirer à l'église de la paroisse, elle y avait fait placer au premier rang des prie-Dieu portant le nom de chacun sur une plaque de cuivre. Ne fût-ce que pour se voir si honorablement placés, ils n'auraient pas voulu manquer un office.

C'est ainsi que son industrieuse charité savait préparer le retour des âmes à Dieu. Plusieurs de ces malheureux en étaient fort éloignés à leur entrée dans la maison; mais bientôt ils cédaient à cette douce influence, et il n'en est aucun qui n'ait mené une bonne vie avant de faire une bonne mort. Après comme avant leur décès, ma sœur Vérot voulait que ces pauvres fussent entourés d'honneur : elle avait réglé que leur corps serait déposé dans le parloir tendu de blanc, et que, jusqu'à l'inhumation, on se remplacerait pour prier, heureuse d'initier ainsi les sœurs du séminaire aux pensées de foi, aux sentiments de respect et d'amour dont elle était si profondément pénétrée à l'égard des pauvres de Jésus-Christ.

Morte à tout ce qui n'est pas Dieu par l'austère pratique des vertus qui livrent une âme au feu dévorant de la divine charité, ma sœur Vérot était-elle donc entièrement exempte de l'imperfection humaine ? Non ; comme elle le disait, « réformer n'est pas transformer : la réforme, c'est l'œuvre laborieuse de toute notre vie, et la transformation se fera en un clin d'œil, quand viendra l'heure de notre délivrance. »

La force de volonté qu'elle avait dû exercer longtemps avec empire vis-à-vis d'elle-même, pour triompher de sa grande timidité, avait eu pour effet extérieur un air d'autorité, un ton parfois impératif dont elle se rendait compte et s'humiliait. Quand, par la sévérité de sa physionomie ou la rondeur de sa parole, elle avait déconcerté quelqu'un qui n'avait pas su entrevoir ce qui se cachait pour un instant sous cette écorce un peu dure, il n'y avait pas d'attentions et de bons procédés dont elle n'usât pour réparer ce mouvement involontaire.

Écrivant à une de ses anciennes compagnes de Fontenay, nouvellement nommée sœur servante, elle lui disait : « N'ayez pas l'air de faire la supérieure comme je l'ai peut-être trop fait, me fiant à un fonds de caractère craintif et timide. » Plus loin, elle ajoutait : « N'ayez pas l'air affairé ; vous m'avez vue encore pécher beaucoup de ce côté-là. »

Toujours en effet, la ferveur de notre chère

sœur l'avait portée à se surcharger ; le temps et les forces manquant à son zèle, surtout depuis que tant d'âmes venaient s'éclairer à sa lumière, son corps surmené avait peu à peu contracté l'habitude d'une certaine agitation que les personnes qui la connaissaient moins ont pu prendre pour de l'empressement, de l'inquiétude, et même de l'impatience. Mais quand la maladie est venue de la part de Dieu la décharger de son office, la douceur et la paix avec lesquelles elle a remis ce précieux dépôt entre les mains de Celui qui le lui avait confié, ont assez prouvé qu'elle l'avait fait valoir avec le dévouement humble, patient, désintéressé de la servante fidèle, sans autre fin que la gloire de son Maître, sans autre mobile que son amour.

Comme l'a dit M. notre très honoré Père, « les dispositions admirables qu'a fait paraître la bonne sœur Vérot en cette suprême circonstance sont la plus belle et la plus persuasive de ses conférences ». Nos sœurs Directrices et nos sœurs d'office du séminaire, qui ont eu le bonheur de ne rien perdre de ces précieux enseignements, les ont retracés pour l'édification de la Communauté dans de touchantes remarques :

« Le mercredi 20 juin, disent-elles, pendant que ma sœur Directrice présidait la conférence du séminaire, on lui remit un télégramme qui l'appelait à Sevran auprès de notre chère sœur Dandigné mourante. Elle acheva l'exercice commencé, mais lorsqu'elle revint ensuite dans son cabinet, l'altération de ses traits était effrayante. Tandis que l'âme restait calme et vaillante, le corps, usé par le travail et les saintes rigueurs de la mortification, venait de recevoir un coup mortel.

« Ma sœur Directrice partit immédiatement pour Sevran avec notre très honorée Mère. « Arriverons-nous à temps ? » disait-elle quelquefois avec une douce sérénité. Enfin, au terme de ce voyage plein d'angoisses, elle put remercier Dieu de lui avoir ménagé la consolation de soutenir l'angélique mourante en sa dernière lutte. Jusqu'au lendemain à huit heures, où ma sœur Dandigné rendit son âme à Dieu, ma sœur Directrice ne quitta pas son chevet; calme, presque souriante, elle parlait du ciel à cette fille si digne de ses prédilections. Quand elle l'eut ensevelie elle-même et déposée dans la chapelle, elle reprit la route du séminaire, mais pour revenir, le lendemain, conduire, sous un soleil brûlant, ma sœur Dandigné à sa dernière demeure.

« Depuis quelque temps ma sœur Vérot semblait ne plus vivre que de la vie surnaturelle. Elle avait pour tous des paroles de consolation et d'espérance; de ses souffrances physiques ou

7

morales, nul ne pouvait se douter, sinon par une certaine suavité, un certain rayonnement du regard auquel le cercle intime ne se trompait pas. C'est ainsi qu'elle nous parut les jours suivants. Mais à nos craintes se mêlaient des espérances : elle avait déjà traversé tant de crises alarmantes sans s'accorder le moindre soulagement, et presque miraculeusement le bon Dieu lui avait toujours rendu des forces.

Cette fois, hélas ! les semaines s'écoulèrent sans amener d'amélioration ; au contraire, le mal s'accentuait, et vint un jour où ce fut dans la Maison-Mère une consternation générale. On se retournait pour suivre, les yeux pleins de larmes, la démarche chancelante de notre vénérée sœur Directrice ; mais elle ne voulait pas s'arrêter.

« Le 9 août, elle s'était levée comme d'habitude à quatre heures. A deux heures, elle fit encore l'instruction sur l'acte d'adoration, mais on l'entendait à peine. Un peu avant huit heures, malgré les supplications de son entourage qui pour la première fois osait insister, elle se traîna au quart d'heure. Quand elle entra au séminaire, il se fit un silence de mort. Elle qui voyait et comprenait tout, réunit toutes ses forces pour sourire à son cher troupeau et lui dire : « Eh bien, « pourquoi ne faites-vous pas la récréation ? » On essaya de lui obéir, mais en vain. La cloche sonna enfin. La méditation était sur les liens de

Jésus. Tout à coup, par un suprême effort, cette voix presque éteinte se ranima; réunissant tout son cœur et toute sa foi, ma sœur Vérot fit la conclusion de tous ses enseignements, son testament à ce bien-aimé séminaire pour lequel elle tombait épuisée :

« Remercions Dieu sans cesse, dit-elle, de
« nous avoir appelées et enchaînées par les liens
« de l'obéissance. Un jour, ces liens se brise-
« ront et nous serons réunies à Celui que nous
« aurons aimé sans réserve et sans partage.

« Je vous en prie, nos sœurs, soyez chaque
« jour de plus en plus fidèles ! Laissez-vous lier
« comme Notre-Seigneur. Quand arrive le mo-
« ment de la mort, comme on est heureux de
« s'être laissé lier par les liens de l'obéissance ! »

« Quand elle repassa devant le séminaire, flé-chissant à chaque pas, on pensait involontaire-ment à la montée du Calvaire. Il y eut un murmure confus de sanglots; les témoins de cette scène ne l'oublieront jamais.

« Ma sœur Directrice consentit cependant à ne pas se rendre à la chapelle pour la prière du soir, mais par pitié pour nous : « Pour vous « faire plaisir », dit-elle gracieusement. Là se bornèrent les concessions; il fallut se résigner à la laisser se coucher au dortoir. A son insu, deux sœurs veillèrent tout auprès, tremblant que cette nuit ne fût la dernière. Au premier son de la cloche de quatre heures, on l'entendit

se lever, et, se soutenant à peine, elle se rendit
à l'infirmerie où elle entendit la messe et eut
encore le bonheur de faire la sainte communion.
Mais aussitôt après, vaincue par la force du mal,
elle dut céder enfin et se laisser porter à Sainte-
Marthe.

« Cependant, après l'avoir conduite aux portes du tombeau, Dieu, prenant en pitié notre
faiblesse, permit que le médecin nous donnât
un peu d'espoir, et, en prolongeant l'agonie, il
nous prépara au sacrifice. Les jours suivants,
l'état de la vénérée malade parut s'améliorer.
Elle put se lever un peu, descendre même au
séminaire, et, le 27 août, elle voulut dédomma-
ger ses chères petites sœurs de la peine qu'elles
avaient éprouvée de ne pouvoir lui offrir leurs
vœux de fête le jour de l'Assomption. Elle qui,
de tout temps, avait considéré comme un supplice l'obligation de subir chants et souhaits,
trouva dans sa condescendance maternelle la
force de supporter la fatigue d'une longue
séance. Malgré la douloureuse impression que
causait son épuisement, on était heureux de la
revoir à sa place et d'entendre les paroles toutes
brûlantes de charité qui se pressaient sur ses
lèvres. Toutes les sœurs de la maison, même les
plus anciennes, étaient accourues; en leur dis-
tribuant des images, elle avait un mot, un sourire pour chacune.

« On était à la veille de la première retraite

de septembre. Ma sœur Directrice assura qu'elle se sentait assez forte pour faire les trois instructions sur les vœux. Le matin, elle descendait péniblement, presque portée par les sœurs infirmières ; puis, lorsqu'elle était au séminaire, cette asmosphère la ranimait ; sa voix éteinte retrouvait son énergique ardeur pour parler de Dieu et de la joie de lui appartenir. On pouvait bien dire d'elle alors, comme saint Vincent, de notre vénérable Mère : « A la voir, on dirait « qu'elle sort du tombeau, tant son corps est « débile et son visage pâle, mais Dieu sait « quelle force d'esprit elle n'a point!... Elle n'a « de vie que celle qu'elle reçoit de la grâce. » Nous l'attendions anxieuses à sa sortie, et, avec un regard qui n'était pas de la terre, elle nous disait : « Que vous êtes bonnes de m'attendre « ici ! je ne mérite pas tant d'affection. Oh! cela « me rend la vie de parler au séminaire ! »

« Rentrée à Sainte-Marthe, elle payait cette consolation par de nouvelles souffrances, toujours accueillies avec la même sérénité. Elle ne se plaignait jamais, obéissait au moindre signe de ses infirmières, recevait toutes nos sœurs avec sa bonté accoutumée, se préoccupait de leur santé ; mais lorsqu'on lui demandait de ses nouvelles, elle trouvait le moyen de répondre gracieusement sans dire un mot de ce qu'elle endurait.

« Voyait-elle son état? Quelques paroles dites

dans l'intimité pouvaient le faire supposer ; cependant elle n'en laissait rien paraître. L'exquise délicatesse de son cœur et l'énergie de sa vertu suffiraient pour expliquer cette réserve ; mais il semble que la vraie raison en était plus haut ; par la perpétuelle immolation de tout son être, ma sœur Directrice en était arrivée, comme elle le dit elle-même quand on lui proposa les derniers sacrements, à vivre « entre les mains « de Dieu ».

M. notre très honoré Père, absent pour quelques jours, écrivit à une de nos sœurs : « Veuillez dire à la bonne et respectable sœur Vérot que son souvenir me suit partout, et que j'espère bien qu'elle ne mettra pas mon esprit dans la nécessité de monter jusqu'au ciel pour la retrouver. Il faut qu'elle dise avec saint Martin qu'elle ne refuse pas le travail. » La vénérée malade répondit à ce message : « Oh ! non, je ne refuse pas le travail ; je ne veux que la volonté de Dieu. » Indifférente à ce qui la concernait, elle se reposait dans cette adorable volonté, s'y abandonnant sans peine, sans crainte, sans désir.

« De son fauteuil placé auprès de la fenêtre de Sainte-Marthe, son regard maternel suivait les allées et venues des sœurs du séminaire. C'était une joie pour elle de leur entendre chanter l'*Ave maris Stella* et de leur voir faire la récréation dans le petit jardin. Du reste, elle continuait à diriger le séminaire, prévoyant et réglant tout.

« Cependant le médecin ayant conseillé un changement d'air, elle se soumit simplement ; après avoir donné ses derniers conseils aux sœurs de la prise d'habit, elle partit pour Sevran. Dans cette maison solitaire, près de Notre-Seigneur qui y habite dans son tabernacle, entourée de quelques sœurs d'office, des sœurs du séminaire convalescentes et des pauvres vieillards, elle parut un moment se trouver mieux ; mais ce ne fut qu'un éclair, il fallut reprendre le chemin du Calvaire. Pour consommer l'union de son épouse avec lui, Jésus-Christ allait l'attacher à la croix.

« Elle avait dit avec tant d'ardeur le soir du 9 août : « Laissons-nous lier. » Ce n'était pas un vain mot. Lorsque le divin Maître lui demanda, l'un après l'autre, ces membres qu'elle avait toujours si généreusement employés à son service, elle les donna sans un regret, sans un soupir. « Il faut bien vouloir ce que le bon Dieu « veut », disait-elle. Ou plus souvent encore : « Le bon Dieu soit béni de tout ! » Ce furent d'abord ses pieds qui refusèrent de la soutenir ; on dut la porter à la chapelle où elle passait des heures tout absorbée en Dieu. Puis il lui devint impossible de se servir de ses mains ; dans l'énergie de sa charité, elle se fit un jour attacher un porte-plume entre les doigts pour tracer quelques mots d'encouragement à une sœur affligée. Elle qui n'avait jamais pu souffrir qu'on lui rendît le plus léger service, s'abandonna comme un petit enfant aux soins de ses infirmières : cruelle agonie morale, dont Dieu seul eut le secret, car, au dehors, ce n'étaient qu'humbles remerciements et douces excuses pour la peine qu'elle donnait.

« Le mal empirait toujours. Ma sœur Directrice le comprit et demanda d'elle-même, le 23 septembre, à revenir à Paris. Quel voyage ! Les suites en furent terribles.

« Le jeudi 27, anniversaire de la précieuse mort de saint Vincent, M. notre très honoré Père vint voir la vénérée malade et lui proposa les derniers sacrements : « Bien volontiers, « mon Père, dit-elle, quand vous voudrez. Je « suis entre les mains du bon Dieu. Voulez-vous « tout de suite ? — Non, reprit notre très « honoré Père, mais demain », et il la laissa heureuse comme toujours lorsqu'elle avait reçu la visite de nos vénérés Supérieurs.

« M. notre très honoré Père la quitta profondément ému, et, à deux heures, avant de commencer sa conférence, il parla de « cette « vénérable sœur qui avait si bien compris ses « importantes fonctions et rempli son devoir « avec un si généreux dévouement. — Elle « s'est dépensée pour le bien de la Commu- « nauté, ajouta-t-il ; maintenant la voilà sur son

« lit, épuisée, prête à paraître devant Dieu. Je
« la recommande instamment à vos prières mes
« chères filles ; c'est un devoir de reconnais-
« sance et de justice pour la Communauté tout
« entière. »

« D'elle-même, le matin du 28, notre respectable malade nous dit : « Les sœurs du sémi-
« naire doivent assister à l'administration des
« Directrices, c'est dans le coutumier; mais
« surtout qu'on ne fasse rien de plus. » On
disposa donc tout pour la douloureuse céré-
monie qui devait avoir lieu à dix heures. Les
sœurs du séminaire furent rangées dans le long
corridor de Sainte-Anne et dans l'escalier; ainsi
elles purent adorer Notre-Seigneur lorsqu'il
passa pour aller consoler et fortifier celle qui
avait été, par sa grâce, la lumière et la force
d'un si grand nombre d'âmes. En ce moment,
calme, recueillie, s'entretenant avec Dieu, elle
ne laissait paraître qu'une expression de touchante humilité.

A l'heure fixée, M. notre très honoré Père,
assisté de notre respectable Père Directeur,
après avoir déposé le Saint-Sacrement sur le
modeste autel dressé auprès du lit de ma sœur
Directrice, lui adressa ces paroles :

« Ma bonne sœur Vérot, c'est une doulou-
« reuse consolation pour moi de vous apporter
« en viatique le Pain des anges, Notre Seigneur
« Jésus-Christ qui a dit : « Je suis la résurrec-

7.

« tion et la vie; celui qui croit en moi vivra
« éternellement. »

« Il y a dans toute votre vie un ensemble
« d'œuvres qui auraient pu être pour d'autres
« une occasion de vaine gloire. Mais en ce
« moment, il faut oublier tout ce que vous
« avez pu faire de bien pour vous souvenir
« que nous ne sommes que misère et que dans
« nos meilleures actions il peut se glisser des
« intentions moins parfaites. Il faut dire simple-
« ment : « Seigneur, il n'y a que vous qui régniez
« par votre justice, et en moi, il n'y a rien que
« misère et imperfection ; mais j'ai confiance en
« votre infinie miséricorde que j'ai tant prê-
« chée aux autres. Oui, Seigneur, j'espère que
« vous me ferez miséricorde. »

« Ma chère fille, Notre-Seigneur vous donne
« un moyen de vous assurer infailliblement le
« pardon de vos péchés : c'est de pardonner de
« bon cœur à toutes les personnes qui ont pu
« vous faire de la peine. Je vous propose donc
« de faire cet acte devant la Communauté, et de
« dire que vous pardonnez, que vous oubliez. »

« A ces mots de pardon, M. notre très honoré
Père fut obligé de répéter sa question en demandant une réponse. Le regard qui accompagnait un faible mouvement des lèvres semblait dire comme saint Vincent : « Je n'ai rien
« à pardonner. » Il n'y avait jamais eu que
mansuétude dans cette âme.

« Dans ce moment, reprit notre très honoré
« Père, vous devez tendre à vous unir à Notre-
« Seigneur par une foi vive, par une ferme
« espérance, par une charité pleine et parfaite.
« Le meilleur moyen, c'est de renouveler les
« saints vœux que vous avez prononcés il y
« a de longues années et qui, maintenant, au-
« ront une vertu particulière et seront bien
« agréables à Notre-Seigneur. »

« Alors, notre digne malade retrouva tout
à coup sa voix, la voix de ses instructions,
pour demander pardon de tous les sujets de
peine et de malédification qu'elle avait pu donner. Puis, avec la même énergie, elle pro-
nonça cette formule des vœux qu'elle avait
apprise à tant de filles de la Charité, éternellement reconnaissantes à Dieu d'avoir été pré-
parées par elle au plus grand acte de leur vie
de communauté.

« Bientôt après, l'ouverture du mois du Ro-
saire fut un sujet de consolation pour son cœur
si tendrement dévoué à la sainte Vierge et si
fortement attaché à la sainte Eglise. La nouvelle de la faveur accordée aux enfants de saint
Vincent par le Souverain Pontife de fêter désormais solennellement l'anniversaire de l'Ap-
parition de la Médaille miraculeuse la fit tres-
saillir. Elle écouta dans un saint ravissement la
lecture de la circulaire de M. notre très honoré
Père qui l'annonçait.

« Mais si son âme conservait la pleine possession de ses facultés, la ruine de son corps s'accentuait de jour en jour. Le jeudi 11 octobre, elle ne pouvait presque plus parler. Aussi la surprise et l'émotion furent grandes quand soudain on la vit se ranimer et qu'on l'entendit s'entretenir longuement de sa chère fête de Noël. Elle s'en croyait à la veille et rappelait tous les avis, toutes les recommandations à faire aux sœurs du séminaire. On sentait dans cette douce illusion une caresse du divin Enfant : il envoyait les radieuses clartés de sa naissance dissiper un moment les ombres de la mort pour celle qui l'avait toujours entouré de si pieux hommages dans sa crèche. Toute la journée s'écoula sous cette céleste influence.

« Néanmoins, comme les forces de la vénérée malade continuaient à décliner, notre respectable Père Directeur vint le soir lui appliquer la dernière indulgence. « Que de grâces! dit-« elle ensuite plusieurs fois. Quelles faveurs ! « Oh ! rendons grâces au Seigneur ! »

« Les jours suivants, la parole lui étant devenue à peu près impossible, son regard répétait encore cet hymne de reconnaissance, surtout après chaque visite quotidienne de nos vénérés Supérieurs. Leur voix la réveillait de l'assoupissement qui devenait habituel ; si l'effort qu'elle faisait alors pour se redresser et parler demeurait matériellement impuissant, il n'en était pas moins une éloquente manifestation des sentiments de respect, d'obéissance et d'amour envers les Supérieurs dont elle avait toujours donné de si beaux exemples.

« Le samedi soir, 13 octobre, on croyait qu'elle ne passerait pas la nuit ; notre très honorée Mère vint faire les prières des agonisants. Cependant le lendemain, elle était encore là, et si calme, si souriante dans son sommeil, qu'on eut la pensée de lui demander : « Ma sœur, ne voudriez-vous pas faire la sainte communion ? » Ses yeux fermés depuis la veille répondirent par un regard tout brillant de joie et de désir ; sa bouche s'ouvrit aussi et sa langue s'avança sur le bord de ses lèvres. Quelques instants après Notre-Seigneur venait combler ses vœux ; et comme à la fin de son action de grâces, notre très honorée Mère lui disait : « Vous êtes bien « heureuse, n'est-ce pas, d'avoir pu faire la « sainte communion ? » elle répondit d'un air pénétré : « C'est une si bonne chose ! » Cet acte de foi et d'amour fut sa dernière parole.

« Cependant ses yeux suppléaient encore à ce que ses lèvres ne pouvaient plus articuler. « Ma sœur Directrice, lui dit notre très honorée « Mère, vous prierez pour nous, au ciel, vous « n'oublierez personne ? Notre bonne mère Ha- « vard ? Notre mère Derieux ? Notre mère Le- « quette ? » Et comme, à chaque nom, la vénérée mourante répondait par un regard et un sourire, notre très honorée Mère lui rappela successivement les anciennes officières de la Communauté, les visitatrices. Et ma sœur Kieffer reprenant, nomma les sœurs d'office parties du séminaire pour tous les points de la France et de l'étranger. Loin de paraître fatiguée de cette longue énumération, ma sœur Directrice semblait éprouver une nouvelle jouissance à chaque nom, et pour le dernier elle eut un sourire aussi expressif que pour le premier.

« Puis elle retomba dans son sommeil, et les jours suivants se passèrent dans l'attente de la mort, mais une attente paisible et sereine. Les sœurs venues en grand nombre pour contempler une dernière fois celle que toutes vénéraient, ne pouvaient se défendre en entrant de s'agenouiller et de prier comme dans un sanctuaire. Quelquefois elles recueillaient un regard, un sourire qui semblait une bénédiction. Mais quand, le mardi 16, les sœurs du séminaire furent admises à venir aussi prier par groupes auprès du lit de ma sœur Directrice, elle ne parvenait plus à soulever ses paupières.

Le lendemain, vers onze heures, sa respiration se faisant irrégulière et saccadée, l'alarme se répandit dans la maison ; avec notre très honorée Mère et nos respectables sœurs officières, un grand nombre de sœurs accoururent. Il était temps ; le souffle devenait très faible ; par moments on n'entendait plus rien. Les yeux s'ouvrirent encore une fois et laissèrent voir un regard du ciel ; puis ils se fermèrent pour toujours. Quelques instants après, la voix émue de notre très honorée Mère, dominant les sanglots, disait le *De profundis*.

« Il fut décidé que le corps de la vénérée défunte, ce corps qui n'avait été pour elle que la matière du sacrifice, l'instrument du travail et du dévouement, serait exposé au séminaire, où elle s'en était servi si longtemps pour enseigner la vérité et pour édifier par les exemples de sa vie.

« Tendu de blanc, éclairé par la lumière des cierges, le séminaire devint visiblement ce qu'il avait toujours été dans la pensée de ma sœur Vérot : le sanctuaire du recueillement et de la pureté. Elle-même semblait encore prêcher ces vertus sur le lit élevé et tout éclatant de blancheur aussi où on l'avait déposée. Son visage reflétait une sérénité, une majesté célestes ; un lis était à ses pieds.

« Pendant deux jours, ce fut un pèlerinage ininterrompu de toutes les sœurs de Paris et des environs, empressées à venir une dernière fois s'agenouiller auprès de ces restes vénérés, à en approcher des croix, des médailles, des chapelets, des images.

« Au gré de tous les cœurs, le moment de s'en séparer vint trop tôt.

« Le 19 octobre, un long cortège de missionnaires, de sœurs à l'habit et de sœurs du séminaire accompagnait notre chère et vénérée
sœur Vérot au cimetière Montparnasse, où son
corps a été déposé dans un caveau réservé
aux Supérieures de la Compagnie.

« Mais là n'est pas renfermé tout ce qui reste
d'elle ici-bas. Son souvenir est demeuré vivant
et agissant dans les âmes; il ne cessera, nous
en avons la confiance, d'y produire des fruits
de vertu qui seront éternellement sa joie et sa
couronne. »

QUELQUES SOUVENIRS

DES

INSTRUCTIONS DE MA SŒUR VÉROT

Élevons nos pensées quand nous voulons savoir ce qu'est l'amour de Dieu : la Sainte-Trinité, voilà la source, le foyer de la divine charité.

Qu'est-ce donc que l'amour de Dieu? C'est ce qu'il y a de plus élevé, de plus admirable, de plus sublime, de plus incompréhensible. C'est un écoulement de l'amour des trois Personnes divines entre elles; amour éternel, vrai, substantiel, amour agissant qui produit la vie, qui allume, qui embrase, qui consume ; amour au-dessus de toute pensée, au-dessus de tout amour! Qui pourra en comprendre l'étendue? C'est cet amour, cette divine charité, qui était figurée dans l'ancienne Loi par le feu sacré, descendu du ciel pour consumer les holocaustes dans le temple du Seigneur.

Celui qui aime se transforme en Dieu. Aussi a-t-on dit : « Le cœur de Paul, c'était le cœur de Jésus-Christ. » L'amour véritable transfigure, transforme en Dieu.

Sainte Thérèse, pendant bien des années, partage son cœur entre Dieu et la créature ; elle a des entretiens sur les choses spirituelles avec des personnes pieuses ; mais son cœur n'est pas libre. Enfin, elle se convertit, et, après avoir compris le danger auquel elle a échappé par la miséricorde de Dieu, elle entend une voix qui lui dit : « Désormais, vous ne converserez plus qu'avec les Anges. »

Quand une âme a soupiré, désiré avec ardeur, Dieu s'incline vers elle. Dans l'oraison, pourquoi ne pas pousser vers Dieu ces soupirs, pourquoi ne pas dire : « Mon Dieu, délivrez-moi de moi-même, dégagez mon cœur. Que je m'attache à l'Incréé, à Vous, mon Dieu, à Vous seul ! » Voilà ce qui remplit un cœur, ce qui l'agrandit, le dilate ; voilà ce qui rend capable de faire l'œuvre de Dieu. Il ne faut donc pas s'étonner que notre Bienheureux Père nous dise : « Vous avez pour esprit propre la charité. » Vous devez tout aimer en Dieu, et ne trouver de paix, de repos et de joie qu'en votre Dieu, parce qu'il est votre tout.

Demandez donc à Notre-Seigneur, dans l'oraison, de faire le vide dans votre cœur, afin que son amour s'y précipite, car il n'y a que cet amour qui puisse faire de vraies filles de la Charité.

L'amour affectif est la tendresse d'un cœur pour Dieu. Cet amour n'est pas nécessaire; l'amour effectif est bien préférable. Une personne qui travaille toute la journée, sans consolation sentie, a beaucoup plus de mérite que celle qui est entraînée par la ferveur sensible.

Quand vous aurez beaucoup souffert pour le bon Dieu, il pourra vous donner la grâce des consolations ; mais, si dès le commencement, vous voulez goûter toutes sortes de charmes, vous prétendez commencer par la fin. Mettez-vous bien dans l'esprit que ce n'est pas avec l'amour affectif que vous pourrez maintenant faire grand'chose pour Dieu. Le pur amour de Dieu travaille pour Dieu seul : « Vous êtes, mon Dieu, ma seule espérance. »

Le bon Dieu vous a dégoûtées du monde, séparées de la multitude, et maintenant que vous êtes dans sa maison, il faut que vous sachiez vous passer des douceurs, sinon votre amour n'est pas de l'amour. Il faut savoir se sacrifier pour l'amour de Dieu ; quand vous vous ennuyez à mourir, tant mieux, c'est une bonne chose, cela vous apprend à servir Dieu pour lui seul, à l'aimer à vos dépens et non parce qu'Il vous comble de caresses. Oui, sacrifions-nous, sans réserve et sans partage, c'est la doctrine des saints et en particulier de notre Bienheureux Père ; il l'a pratiquée pendant quatre-vingt-cinq ans. C'est là ce qu'il appelle aimer Dieu de tout son cœur. Où rencontrera-t-on cet amour, sinon chez les filles de la Charité ? Où faudra-t-il le chercher, si ce n'est dans notre Communauté ?

Ah ! comme on se trompe lorsqu'on dit : « Il n'y a qu'à donner à manger à ceux qui ont faim, à vêtir ceux qui sont nus, en un mot, à accomplir les œuvres de miséricorde, et nous exercerons la charité. » On prend l'effet pour la cause, le moyen pour la fin.

Quelle est la fin de notre Communauté ? C'est l'amour de Dieu, et cet amour produit les œuvres que nous faisons. Si votre cœur est fixé en Dieu, toutes vos œuvres seront dignes de Dieu. Si vous n'avez pas cet amour substantiel, vous pourrez faire extérieurement nos œuvres, mais ce sont des œuvres purement humaines qui, n'ayant pas pour principe la divine charité, ne l'ayant pas non plus pour fin, s'arrêteront à la vie présente, et ne seront pas inscrites au livre de la vie éternelle.

Heureuses les âmes qui comprennent la vie d'amour ! Quand Dieu nous a regardées dans sa miséricorde et nous a témoigné un amour de prédilection, en nous appelant à vivre pour Lui seul et à travailler pour sa gloire, nous avons répondu : « Oui, Seigneur, je vous aime », et alors nous sommes venues dans sa maison pour y demeurer dans l'amour.

C'est l'amour que veut notre Dieu dans l'accomplissement de tout bien. Ainsi, quand Notre-Seigneur veut établir saint Pierre prince de l'Église, quand il veut l'élever à cette éminente dignité, que lui demande-t-il ? « Pierre, m'aimes-tu ? » Et Pierre répond humblement : « Seigneur, je vous aime ! » Notre-Seigneur de nouveau lui demande : « Pierre, m'aimes-tu ? » Et une troisième fois : « Pierre, m'aimes-tu plus que ceux-ci ? » Et quand Pierre a eu fait son triple acte d'amour, Notre-Seigneur lui dit : « Pais mes agneaux, pais mes brebis. » Remarquez que Notre-Seigneur ne lui demande pas s'il a de la science, s'il a de l'habileté, du talent, car alors Pierre aurait pu répondre : « Non, Seigneur, je n'ai rien de tout cela, je ne suis qu'un pauvre pêcheur. » Non, ce n'est pas cela que Notre-Seigneur lui demande, mais : « Pierre m'aimes-tu ? m'aimes-tu plus que ceux-ci ? » Et c'est parce que Pierre l'aime qu'il lui confie la mission de gouverner son Église et d'en être le premier chef sur la terre.

Ce qui fait le trouble des autres, c'est précisément ce qui affermit l'âme simple, ce qui la nourrit, la rassasie, la fortifie : c'est voir Dieu en tout et ne rien voir que lui ; travailler pour sa pure gloire ! Quelle unité de pensées, d'actions ! Quelle élévation ! Toute personne qui voit les choses dans l'unité, la simplicité, entre dans une voie large où les horizons s'étendent si loin qu'ils se perdent en Dieu !

Notre-Seigneur a tant aimé les âmes ! Nous qui faisons profession de l'aimer uniquement, aimons-les donc aussi. Saint Vincent nous en donne l'exemple ; les âmes c'était son poids et son tourment. On a dit avec raison : « Défiez-vous d'un homme qui n'a qu'une affaire. » Satan pouvait bien craindre notre Bienheureux Père, car il n'a eu qu'une affaire : le salut des âmes.

En voyant dans les rues de Paris, cette multitude de gens affairés et occupés de toutes sortes de choses, excepté de la grande et unique affaire du salut, pourquoi ne pas demander intérieurement à Dieu de les éclairer et de les faire songer à leurs destinées éternelles ? En priant ainsi pour ces âmes que vous ne connaissez pas, mais que Notre-Seigneur connaît et pour lesquelles il a versé son sang, vous n'auriez rien à craindre pour vous-même des séductions qui captivent et tourmentent les pauvres gens du monde, et vous procureriez grandement la gloire de Dieu.

Nous ne savons pas tout ce que nous pouvons faire pour le salut des âmes. Habituez-vous à offrir chaque jour quelques sacrifices, soit pour les malheureux qui ont oublié Dieu toute leur vie et qui sont près de paraître devant lui, soit pour les âmes aux prises avec la tentation; vous vous formerez ainsi un cœur de vraie fille de la Charité.

L'oraison est un entretien de l'âme avec Dieu. Pour un entretien, il faut le concours de deux personnes, et pour s'entretenir avec Dieu, il faut croire qu'Il n'est pas loin de nous.

Vous me direz : « Je n'entends pas le bon Dieu. » — Ma sœur, Dieu a son langage, et pour l'entendre, il faut se taire avec les créatures, faire silence avec tout ce qui est extérieur et même intérieur. Voilà pourquoi il est dit : « L'homme qui veut traiter avec Dieu s'assiéra, et, dans la solitude, il entendra la voix du Bien-Aimé. » Il faut s'asseoir, c'est-à-dire, il faut donner du repos à son âme; alors Dieu parle à celui qui veut bien l'écouter et que pour cette raison il a conduit dans la solitude. Vous me direz encore : « Mais comment trouver le repos dans la solitude, quand on est environnée de cent personnes et encombrée de préoccupations ? » — Ma sœur, vous n'avez qu'à vouloir et vous serez dans la solitude. Rentrez en vous-même, oubliez ce qui vous entoure. Pourquoi tant de souvenirs du monde ? Chassez tout cela et demeurez seule dans votre intérieur. Qui peut y pénétrer si vous ne le voulez pas ? Si vous voulez en interdire l'entrée, qui peut la forcer ? Et alors dans cet intérieur où vous serez seule, pourquoi ne pas converser avec la Sagesse Éternelle ?

Quand l'âme a le désir de posséder Dieu, quand elle veut s'unir à lui, elle répète souvent : « Vous êtes, Seigneur, la part de mon héritage, ma béatitude éternelle, mon unique amour ! » Dites souvent aussi : « Seigneur, vous êtes ma joie, ma paix, l'objet de mon espérance, mon seul bien, mon tout. » Quand Dieu sera vraiment le Bien-Aimé de votre cœur, tout changera pour vous, et vous pourrez dire que vous faites toujours l'oraison.

Je voudrais que vous eussiez cette dévotion large, solide, qui fait trouver en toutes choses un aliment pour la piété, même dans celles qui paraissent le moins propres à la nourrir. Je voudrais que vous eussiez le désir du règne de Dieu dans votre âme, afin que plus rien ne lui fît opposition.

« J'ai désiré d'un grand désir de manger cette Pâque avec vous, disait Notre-Seigneur à ses apôtres, à la dernière Cène. » — « J'ai désiré d'un grand désir ! » Ayons donc, nous aussi, ce grand désir, afin que Dieu fasse en nous ce que dit le Prophète : « Je viens à vous, parce que vous êtes un homme de désir. » Voilà ce que fera en vous l'oraison perpétuelle dans le sens large où je vous en parle. Elle établira le règne de Dieu en vous : quel bien souverain !

La vie d'oraison doit donc s'entendre : une communication avec Dieu du matin au soir, que rien ne peut empêcher, ni les occupations, ni aucune autre chose. Cette vie est une faim et une soif de Dieu qui doit dominer en nous et nous dessécher. « Le zèle de votre maison m'a dévoré, dit le Prophète. Je suis tourmenté du zèle de votre gloire, parce que votre règne s'efface, ô mon Dieu ! » Le Roi-Prophète est desséché par la douleur que lui cause l'affaiblissement du règne de Dieu parmi son peuple. Je ferai un rapprochement et je dirai : « Nos sœurs, n'êtes-vous pas le peuple choisi du Seigneur ? Où cherchera-t-on le règne de Dieu, si ne n'est dans cette maison ? Oubliez donc les choses de la terre, afin que vous deveniez une créature nouvelle en Notre-Seigneur. »

Il y a des personnes qui ne savent pas traiter avec Dieu sans lui demander quelque chose. Mais, pensez d'abord à Dieu avant de penser à vous-même ! Rendez-lui grâces de ses bienfaits, occupez-vous des intérêts de sa gloire et, pour cela, sachez vous oublier vous-même.

8

Demander la guérison de telle personne, la réussite de telle affaire, telle autre grâce pour vous, je ne dis pas que ce soit mal ; non, mais il y a quelque chose de plus parfait. Rappelez-vous cette parole de Notre-Seigneur à une de ses servantes privilégiées : « Fais mes affaires, et je ferai les tiennes. »

Dites-lui donc : « Seigneur vous connaissez mes besoins, cela me suffit ; mais vos intérêts, votre gloire, vos amabilités infinies, le trésor de votre sagesse, de votre puissance, qui me donnera de le désirer, de m'en souvenir uniquement ? » Cela est au-dessus de toute pensée, de tout sentiment. Nos sœurs, ne vous lassez pas de répéter : « Mon Dieu, faites que je sorte de moi-même et que j'aille à vous. »

Quand on est sur une montagne très élevée, on voit au-dessous de soi les hommes comme de petits points noirs qui vont, viennent, s'agitent. Quoi ! ce sont ces hommes dont on recherchait l'estime, la faveur et qui maintenant paraissent si peu de chose ? Pourquoi attacher tant d'importance à ce rien et à ce que pense ce rien ? Vous aussi, montez sur la montagne des grandeurs de Dieu. Qui vous empêche de vous élever jusqu'à cette sainte montagne d'où vous verrez les choses d'une tout autre façon que vous ne les voyiez auparavant.

L'oraison, je vous l'ai dit, c'est l'établissement du règne de Dieu dans les âmes. Qu'il s'établisse en nous et par nous, ce règne de Dieu ; c'était l'unique pensée des saints.

Le règne de Dieu n'est pas toujours très consolant, il ne faut pas se faire illusion. Vous avez choisi un Époux crucifié, il faut que vous soyez crucifiée avec lui. Voyez-vous, je ne vous prêcherai pas une doctrine de tendresse, oh ! non. Quand Dieu établit son règne dans une âme, c'est toujours par la souffrance. Portez votre croix, portez la rigueur du règne de Dieu. Votre cœur n'est pas suffisamment débarrassé des choses terrestres ; il faut le purifier, et c'est cela que Dieu opère par les sécheresses et les difficultés.

Combien de personnes appelées par Dieu à un haut degré d'oraison n'ont pas eu le courage de supporter l'épreuve ! Elles ont tout laissé, elles ont arrêté l'action de la grâce et en quelque sorte sapé par la base l'édifice de leur vie spirituelle.

Quel que soit le genre d'épreuves que vous ayez à supporter, nos sœurs, quelles que soient les consolations que Dieu vous envoie, le meilleur moyen de triompher des unes et de conserver les autres, c'est de vous humilier et de vous réduire. Nous n'avons rien de nous-même, tout ce que nous avons, nous le tenons de Dieu. Quand il lui plaît de nous éprouver, soumettons-nous humblement ; quand il veut bien nous traiter avec familiarité, admirons sa bonté, anéantissons-nous encore. Oh !

la bonne oraison, la bonne direction, la bonne confession, que celle dont on sort avec le mépris de soi-même ! C'est toujours la pierre de touche.

Quand une âme a trouvé le secret de s'anéantir, on peut dire qu'elle est dans le chemin du ciel.

※

Répétez souvent pendant votre oraison ce verset : « Si je monte au Ciel, vous y êtes ; si je descends aux enfers, vous y êtes aussi. Oui, mon Dieu, vous êtes ce Dieu trois fois saint, ce Dieu immense qui connaît tout, qui comprend tout, qui conduit tous les événements de cette vie, quelquefois par des voies très mystérieuses, mais qui aboutissent toujours à une fin très élevée. » Ne craignez pas de donner trop de temps à ces saintes réflexions. C'est ce qui s'appelle se remplir de Dieu ; c'est ce qu'il y a de meilleur, de plus parfait, c'est ce qui peut vous être le plus avantageux.

※

Le point capital dans l'oraison, c'est de s'entretenir avec Dieu. Dieu est notre espérance, notre soutien, notre consolateur. Si nous sommes dans la joie, allons à lui avec une sainte allégresse ; si nous sommes dans la tristesse, allons lui exposer nos peines, nos ennuis, il sera notre force, il nous donnera les paroles de la vie éternelle.

Ce moment de l'oraison, je voudrais que vous compreniez que c'est votre moment à vous. Quelquefois on se demande : « Mais dans toute cette journée, n'y aura-t-il pas un instant de repos, un moment à soi ? » Mais si ; vous l'avez ce moment, c'est l'oraison ; c'est le festin spirituel où vous prenez des forces nouvelles et d'où vous sortez pleines de vigueur.

Si vous voulez participer aux trésors de grâce que renferme le Saint-Sacrifice, immolez-vous toute la journée en union avec Notre-Seigneur. Saint Vincent veut que chaque jour nous entendions la sainte messe pour que nous nous immolions aussi chaque jour. Vous êtes à charge à vous-même, vous êtes dévorée d'ennui, votre office vous répugne, une compagne vous exerce : à la messe, immolez tout cela sur l'autel. Voilà le secret d'une fille de la Charité, et toute personne qui ne voudrait pas entrer ici dans cet esprit ferait bien de chercher ailleurs sa sphère d'action.

Voyez l'amour ardent de Notre-Seigneur, le jour où il institua le sacrement de l'Eucharistie. Il était comme ivre de joie : « J'ai désiré d'un grand désir de manger cette Pâque avec vous. » C'est comme s'il disait : « J'ai faim et soif de me donner à vous, de m'immoler pour vous. »

Entrons dans ces mêmes dispositions. Donnous-nous une bonne fois, immolons-nous, rendons amour pour amour.

☙

Quel zèle et quelle ferveur ne devons-nous pas avoir pour faire l'action de grâces! On peut bien indiquer des moyens pour suppléer à des dispositions plus ou moins parfaites; mais de méthode, il n'y en a pas.

Comment exprimer votre reconnaissance à Notre-Seigneur? Mais la foi et l'amour vous l'indiquent: plus le cœur est brûlant, plus il veut témoigner son amour à Celui qui s'est donné d'une manière si large, si entière. Pour peu que vous ayez de foi, votre cœur parlera.

Ecoutez sainte Thérèse: « Je vis, mais c'est en Dieu qui vient de me nourrir! Quoi, mon Dieu, mon captif! » Oui, Dieu, la puissance infinie, le souverain Maître du monde se donne sous l'apparence d'un peu de pain! Cette petite hostie, c'est Notre-Seigneur! Quand une âme est bien pénétrée de ces pensées, qu'elle *voit* par la foi Notre-Seigneur réellement présent dans son cœur, alors l'action de grâces ne lui est pas difficile.

Cependant Dieu se plait quelquefois à mettre l'âme à l'épreuve. Il se pourra donc que vous ayez la foi, une foi très vive, et pourtant que vous n'ayez ni tendresse ni dévotion. Mais vous pouvez toujours adorer Notre-Seigneur, vous pouvez croire que vous l'avez reçu quoique vous n'en ayez pas le sentiment. Pourquoi ne pas vous servir alors des prières de l'Église : le « Te Deum, » le « Magnificat, » le « Cantique des enfants dans la fournaise », le « Benedictus »? Ce langage de l'Église est admirable ; quand vous ne savez que dire à Notre-Seigneur, appropriez-vous ces sentiments, tâchez de les faire passer dans votre âme, et puis disposez-vous à faire la volonté de Dieu dans la journée qui commence. L'action de grâces consiste essentiellement dans l'abandon de notre volonté à la volonté de Dieu.

La dévotion au Sacré-Cœur est aussi ancienne que l'Église, mais c'est à notre temps que Dieu en réservait le développement. Il semble que le cœur des hommes soit devenu de pierre : ils oublient Dieu, ils ne songent plus qu'à leurs propres intérêts. Qui réparera ce mal? Qui nous sortira de ce funeste état? Ce sera le Sacré-Cœur, ce Cœur percé pour nous sur la Croix. Notre-Seigneur découvre son cœur à la Bienheureuse Marguerite-Marie, et lui dit comme Dieu disait à son peuple choisi : « O Israël, aime-moi ! »

On aime à rencontrer une âme délicate, un cœur qui sait aimer d'un amour pur et saint.

Mais les affections les plus pures, les plus profondes ne sont rien en comparaison de l'amour
du Cœur de Jésus. Aussi je ne suis pas étonnée
qu'on ait dédié la chapelle de notre Maison-
Mère au Sacré-Cœur. J'irai plus loin : le Cœur de
Jésus est notre chapelle, il est notre sanctuaire !
Pourquoi ? parce que nous sommes filles de la
Charité. Il n'y a rien de si élevé que notre saint
état, rien qui réponde mieux à toutes les délicatesses de l'amour divin. Les filles de la Charité
sont les filles du Cœur de Jésus. Que ne ferait
pas la Communauté si l'amour divin dominait de
telle sorte dans le cœur de chacune de nous
qu'il fût le principe de toutes nos actions ? Pourquoi êtes-vous venues ici, nos sœurs ? Pour apprendre à connaître ce don de Dieu.

Le mois du Sacré-Cœur, c'est par excellence
le temps du salut, le temps de la grâce du côté
de Notre-Seigneur, et, de notre côté, le temps
de la ferveur. Mais ce serait bien mal profiter
de ce temps précieux et le passer dans une regrettable illusion que de croire que la meilleure
manière d'honorer Notre-Seigneur, c'est de
s'endormir comme saint Jean sur son Cœur
divin.

Saint Jean, qui a pénétré plus avant que personne dans l'intimité du Sacré-Cœur, s'est, il
est vrai, reposé sur lui au jour de la Cène ; mais
comment, et pourquoi ? Ah ! c'était pour en écouter les divins battements et les faire passer dans

son propre cœur... et après cette halte d'un instant seulement sur le Cœur de Jésus-Christ, saint Jean s'est relevé tout rempli de l'amour et de la force qui se puisent à cette source divine. Seul au pied de la croix, il a partagé les douleurs de la Mère et du Fils ; seul il a revendiqué pour lui l'opprobre qui s'attachait au titre de disciple du Crucifié, et jusqu'à la fin de sa vie il a été l'apôtre de l'amour, de l'amour qui sait souffrir et se dévouer.

Que ce soit le modèle de notre dévotion au Sacré-Cœur. Aimons, nous aussi, Notre-Seigneur, non d'un amour qui se repose, d'un amour qui ne se nourrit que de consolations sensibles, mais d'un amour généreux et fidèle.

Gardez dans le secret de votre cœur Celui qui est votre souverain Bien. Avec lui, vous pourrez aller partout, vous ne serez jamais seule : il n'y a pas d'isolement pour l'âme qui vit dans l'intimité de Dieu.

« Mon Dieu ! s'écriait saint Augustin, pourquoi vous ai-je aimé si tard ? Je vous ai cherché de tous côtés, et je ne vous ai rencontré qu'au dedans de moi ». — Il s'était tourné vers toutes les sectes, il avait cherché, fouillé les pensées des philosophes, il n'avait rencontré que peines et dégoûts. Enfin il trouve Dieu, et il tombe en extase et s'écrie : « Beauté toujours ancienne et toujours nouvelle, pourquoi vous ai-je connue si tard ! » Et cette Beauté souveraine, cette Sagesse éternelle qu'il avait en vain cherchée de tous côtés, demandée à toutes les nations, c'est dans le secret de son cœur qu'Augustin l'a trouvée !

Voilà ce qu'il faut que vous compreniez avec les saints qui sont notre lumière, c'est que la créature n'est rien et que notre cœur a besoin d'autre chose. Vivez donc avec le divin Solitaire, dans le sanctuaire intime de votre âme où il se plaît à habiter.

Vous venez ici, nos sœurs, pour étudier votre vocation, c'est-à-dire étudier si vous êtes à la hauteur de la vie spirituelle qu'on vous propose. Si vous ne vous sentez pas assez de force, retournez dans le monde et continuez à y mener la vie chrétienne ; mais si vous voulez rester, travaillez avec courage.

Une fois engagée au service de Dieu, vous êtes dans un état tout nouveau, et si vous êtes fidèle à la grâce, d'un jour à l'autre vous prenez de nouveaux accroissements dans la vie spirituelle. Dans tous les ordres religieux on enseigne cette vie nouvelle et on parle de résurrection : vous êtes morte à telle affection qui vous tyrannisait et vous vivez de l'amour de Dieu ; vous êtes morte à tel sentiment d'envie, de jalousie, et vous voilà ressuscitée.

Notre-Seigneur ressuscité et vivant dans tous les siècles, voilà notre modèle. Il ne faut donc pas vous étonner si Dieu vous fait passer par des morts et des résurrections successives : notre vie est ainsi composée.

Que de fois vous dites : « J'étais si fervente dans le monde, et à présent, je ne sens rien ! » Et moi je vous réponds : Ce que vous ressentiez dans le monde n'était pas un état, mais seulement des grâces accidentelles que Dieu vous accordait pour vous amener à une vie plus parfaite. Ce qui s'opère en vous maintenant est tout différent : vous n'avez pas de tendresse pour Dieu, mais vous êtes sous le joug de la règle, sous le coup de l'opération divine. Laissez-vous faire, livrez-vous à la grâce, et le résultat sera excellent.

Tant que vous voudrez suivre les affections humaines, vous resterez dans un état d'imperfection, vous ramperez au lieu de voler. Pour ressusciter à la vie nouvelle, il faut détacher son cœur de la terre, se défaire des illusions de l'esprit humain, renoncer à sa propre volonté. Cet ouvrage ne peut se faire dans un jour, mais dès le début, il faut y tendre fortement.

Vous vous êtes dit intérieurement : « Notre-Seigneur n'est plus un étranger pour moi ; je le connais ; je l'aime, je l'ai choisi pour mon époux, pour mon ami, pour mon souverain bien, pour l'unique directeur de mon âme. » Vous avez dit comme le bienheureux saint François: « Mon Dieu et mon tout! » Dieu vous a appelée son épouse et il vous a dit : « Donnez-moi votre cœur, je n'ai que faire de tout le reste; donnez-moi votre cœur.» C'est comme s'il disait : « Vous me suffisez. »

Voilà ce que vous avez commencé à comprendre, et en même temps vous avez senti le besoin d'une union plus intime avec Celui qui vous a choisie pour toute l'éternité. Mais cette union ne peut s'effectuer que par la souffrance; l'Epouse ne doit pas être mieux traitée que l'Epoux. Les épreuves sont proportionnées, il est vrai, à vos petites forces, mais enfin il faut que l'Epouse meure avec l'Epoux.

Aujourd'hui, c'est votre susceptibilité qui a été offusquée, il faut mourir à l'amour-propre. Demain votre manière de voir sera contredite, il faudra mourir à votre jugement. Le jour suivant un rude travail vous sera imposé et rompra votre corps, il faudra mourir à la paresse et à la tendresse pour soi-même. La pointe qui vous perce n'est pas très aiguë, mais elle vous fait mourir peu à peu et vous pouvez dire avec saint Paul : « Je meurs chaque jour. »

Et comment ressusciterez-vous? par des lumières, des inspirations de la grâce, de nouvelles vues sur les vérités de la foi. Dans les grandes circonstances, il se fait un nouveau jour dans l'âme et l'on prend de fortes résolutions.

qui influent réellement sur l'avenir et opèrent des transformations radicales. J'aime à espérer que cette forte résolution a été prise pendant ces jours bénis où la grâce a été si abondante.

Voilà donc un premier changement opéré dans votre âme; mais rappelez-vous qu'entre la nature et la grâce, il y aura toujours des oppositions, et que sans la lutte vous ne pourrez vous tenir debout.

Que deviendrez-vous en maison, nos sœurs, je vous le demande, si vous ne savez pas vous vaincre, vous renoncer?

Si vous voulez persévérer dans cette vie nouvelle, pratiquez la vertu et surtout sortez de vous-mêmes; détachez-vous de vous-mêmes, il n'y a pas autre chose à faire. Par l'observance du recueillement et du silence, par la fidélité exacte à la règle, par une correspondance amoureuse aux moindres inspirations de la grâce, vous vivrez d'une vie très simple en apparence, mais en réalité très parfaite.

Saint Paul nous dit : «Jésus-Christ doit prendre des accroissements en vous». Or, les enfants croissent en proportion de la nourriture qu'ils reçoivent.

Dans la vie spirituelle, c'est vous, nos sœurs, qui êtes appelées à leur donner cette nourriture. La Sainte Ecriture nous dit : « Les enfants ont demandé du pain et il ne s'est trouvé personne pour le leur rompre. » Aujourd'hui, c'est là une des grandes douleurs de l'Eglise ; elle voudrait arracher ces petites créatures aux écoles sans Dieu. Oh ! désirez que le règne de Dieu arrive, et quand le moment viendra, ayez le cœur large pour vous dévouer.

Mais, dès maintenant, quels accroissements peuvent se produire dans votre propre cœur ?

Vous arrivez à peine du monde et on vous nomme les petits enfants de la Communauté.

C'est ainsi que l'Eglise appelle les néophytes : des enfants nouvellement nés. Vous aussi vous êtes des enfants nouvellement nés dans l'ordre de la vie parfaite, et de quoi doit-on vous nourrir ici ? Du lait de la parole de Dieu, car si l'on vous donnait une nourriture plus substantielle, vous ne pourriez pas la supporter.

Enfants nouvellement nés, commencez par vous livrer à la grâce qui est votre mère ; demandez à Dieu qu'il vous traite comme il vous convient. Quant à moi, je ne sais pas lui dire autre chose pour vous : « Mon Dieu donnez-leur l'intelligence et la force pour commencer cette nouvelle vie qui est si différente de la vie, même chrétienne dans le monde. » L'Esprit Saint nous en donne une idée dans cette parole de saint Paul : « Vous êtes morts et votre vie est cachée en Dieu. » Tel est votre état, un état de mort selon la nature, un état de vie selon la grâce.

La fidélité à la grâce, voilà le point capital dans la vie spirituelle. Si vous êtes fidèles, l'Esprit Saint vous prendra par la main et vous conduira de clarté en clarté jusqu'à la grande lumière du jour éternel. Voyez-vous, nos sœurs, la grâce est votre mère, vous êtes ses enfants, comme j'aime à vous le répéter !

La grâce, c'est le cœur de Dieu, c'est l'Esprit Saint qui s'incline vers vous, qui vous éclaire, vous conduit, vous soutient, vous console, vous fortifie. L'Esprit Saint, c'est le Consolateur, le Paraclet, l'Esprit fort, l'Esprit vivifiant, l'Esprit de la Charité, la Fontaine d'eau vive. Vous avez soif de la justice, votre pauvre âme est desséchée, allez à lui, il vous désaltérera ; vous êtes glacée dans votre intérieur, allez à lui, il vous réchauffera ; vous sentez que votre âme n'a plus d'élan, de vigueur, allez à lui, il vous portera dans ses bras et rien ne pourra vous atteindre, car il vous couvrira de sa protection.

Mais la grâce demande des sacrifices. Je ne puis pas spécifier ici ceux qu'elle demandera de vous. Les âmes sont si différentes que ce qui coûte à l'une ne sera rien pour l'autre ; mais quand Notre-Seigneur vous demande quelque chose, soyez généreuse. Il vient frapper à la porte de votre cœur : « Donne-moi ton cœur », vous dit-il. Il se fait mendiant, vous demande un petit acte de vertu et vous luttez... avec qui ? avec Notre-Seigneur avec le Saint-Esprit ! Combien de fois j'ai vu des âmes s'étioler, s'arrêter dans le chemin de la vertu parce qu'elles résistaient à la grâce. « Va avouer ce manquement, vous dit la grâce, va demander pardon », et on n'est pas fidèle… et cette grâce actuelle est perdue et elle ne se retrouvera plus.

La grâce est une longue chaîne, composée d'anneaux, qui nous conduit depuis le baptême jusqu'à l'éternité. Mais ne rompez pas cette chaîne, nos sœurs. Voyez-vous, il y a des moments d'une telle importance que la vie entière en dépend. Voilà pourquoi je vous demande instamment d'être fidèles à la grâce.

L'Écriture sainte compare les âmes fidèles à ces arbres plantés sur le bord des eaux et qui portent du fruit en leur temps. Nos sœurs du séminaire, vous êtes ces arbres plantés dans une bonne terre, sur le courant des eaux de la grâce : mais la paresse spirituelle arrête l'œuvre de Dieu, et il en résulte que, lorsque le moment est venu où vous devriez porter des fruits, ce sont des fruits sauvages et sans saveur.

Il est très dangereux, surtout en Communauté, de se laisser aller à la paresse spirituelle. Dieu parle, on n'entend pas. Il demande, et on ne veut pas lui donner. Il exige des sacrifices, et on ne veut pas se gêner. Il cherche à réveiller l'âme par les peines et par les épreuves, et on se fâche, on s'indigne.

Soyons au contraire ces arbres qui portent leurs fruits en leur temps. Voyez, malgré le désordre que le péché a produit et répandu partout dans la nature, tout y est complet, parce qu'elle obéit à Dieu, et au moment voulu on trouve ce qu'on devait attendre : des fruits mûrs et savoureux. Il en sera ainsi de vous, nos sœurs, si vous vous laissez conduire par la grâce.

La vraie piété est la fermeté de volonté qui fait accomplir tous les jours ce que Dieu demande. Autant qu'on le peut, il faut réveiller en soi ce désir de faire ce qui plaît au Seigneur. Il ne suffit pas de dire le matin : « Mon Dieu, je veux ce que vous voulez »; mais, dans le courant de la journée, nous devons développer en nous ces sentiments de piété, et ne pas aller aux exercices de Communauté machinalement, pour suivre les autres. Vous vous rendez à l'examen, aux grâces; que ce soit toujours avec un certain plaisir de vous rapprocher de Dieu. Avant les instructions, préparez votre cœur, votre esprit, afin que pour vous la parole ne vienne pas de la créature, mais du Créateur.

Si vous êtes pieuse, le Saint-Esprit vous portera lui-même vers Dieu. La grande opération du Saint-Esprit en vous sera le détachement.

Celui qui est collé à la terre ne peut prendre son essor vers le ciel. Voyez un oiseau : qu'est-ce que cela fait qu'il soit retenu à la branche par un câble ou par un fil, s'il ne peut pas voler ? Il en est de même de l'âme qui n'a pas reçu le Saint-Esprit : elle n'a pas ce mouvement intérieur qui porte vers Dieu. Le dégagement de toutes les choses de la terre lui est impossible ; en entendre parler lui est dur, et cependant y a-t-il une vraie et solide piété sans ce détachement ?

Ne soyez pas de ces personnes qui sont toujours à mendier les affections humaines... Qu'avez-vous besoin de la créature, quand vous avez Dieu, qui est tout ?

Qui dira le bonheur d'une âme qui fait son tout de Dieu ! Ce sont des secrets entre Dieu et l'âme, ce sont les merveilles de l'amour !

Oui, bienheureuses sont celles qui savent se passer de la créature ! La créature n'est rien. Que Dieu seul vous suffise ; c'est lui seul que vous êtes venues chercher, et que vous trouverez si vous voulez vous détacher de tout le reste. Dieu se contente de votre cœur, et votre cœur ne se contenterait pas de Dieu ! Vivez avec lui, oubliez le monde et ses futilités.

Heureuses sommes-nous d'avoir été séparées de tout ce qui passe ! Estimez, goûtez ce bonheur, et quand il vous faudra reparaître au milieu du monde, que ce soit comme le rayon de soleil qui éclaire, qui échauffe sans rien perdre de sa pureté ! En maison, n'allez pas vous entortiller dans les liens de la nature et vous replier sur vous-mêmes. Ne vous attachez pas naturellement à votre office, à vos enfants ; prenez garde d'être une pierre d'achoppement pour les âmes que vous devez tourner vers Dieu.

Quand on veut vaincre la tentation, il faut s'humilier. La personne qui s'humilie, qui aime à se considérer dans la vérité, c'est-à-dire dans son néant, rend impossibles les tentatives du démon, qui est le père du mensonge, l'esprit souverainement orgueilleux. Il ne sait par où la prendre ; dès le moment qu'elle s'anéantit, il ne peut la vaincre.

Elles souffriront de bon cœur, c'est-à-dire à la suite de Celui qui leur a confié ses pauvres, ce qu'il a de plus précieux. Elles souffriront de la part des hommes beaucoup de choses ; mais elles les souffriront de bon cœur, comme venant de la main de Dieu, comme des épreuves qu'il lui plaît de leur envoyer.

Il y a dans les saints Livres une parole qu'il

faut souvent méditer : « Je me tais, Seigneur, parce que c'est vous qui l'avez fait. » Quand une épreuve nous visite, nous devons dire, nous aussi, avec générosité : « Je me tais, Seigneur, parce que c'est vous qui l'avez fait. J'adore et j'accepte, parce que c'est vous qui permettez cette pesanteur d'esprit, cet ennui qui me domine. »

« Elles souffriront de bon cœur. » Chose difficile. Hélas ! combien de personnes sombrent quand la nature souffre ! Pourquoi ne pas vous représenter dans l'oraison les épreuves qui peuvent surgir et les accepter. Il faut être préparée à l'avance. Le Prophète disait : « Mon cœur est prêt. » Qu'est-ce que cela signifie, sinon : « J'ai vu, j'ai considéré, j'ai accepté ? »

La charité est la perfection de l'âme. Mais le cœur de l'homme est si étroit ! la charité ne peut y trouver une demeure que lorsqu'un vide y a été préparé. Or, c'est la sainte pauvreté qui opère ce vide, qui fait de la place pour le bon Dieu en débarrassant le cœur de tout ce qui est superflu ; ce qui fait que, peu à peu, on se dépouille de l'attache. Cette attache est tellement ancrée dans le cœur de l'homme que Dieu seul peut la déraciner, et il le fait par l'amour de la pauvreté. Ce don, il l'a fait aux saints en leur inspirant une sainte passion pour la pauvreté. Saint François d'Assise l'appelait sa bien-aimée, sa dame, sa souveraine...

Un cœur ainsi vide de ce qui est créé reçoit le souverain Bien. Un grand cœur reçoit largement; mais un cœur étroit ne reçoit que petitement et avec une sorte de parcimonie. Vous posséderez donc Dieu, nos sœurs, dans la mesure de votre amour pour la pauvreté. « Bienheureux les pauvres d'esprit, parce que le royaume des cieux est à eux. » Le trésor du paradis, c'est Dieu même, car il nous dit encore: « Je serai votre éternelle récompense. »

Le jeune homme de l'Évangile qui, ayant observé les commandements dès sa jeunesse, avait senti le besoin de quelque chose de meilleur est le type de toute âme appelée en communauté. Comme à lui, Notre-Seigneur vous a dit : « Voulez-vous être parfaite ? Vendez tout ce que vous avez et suivez-moi. » J'espère, nos sœurs, qu'aucune de vous ne s'en est retournée toute triste, et la preuve du contraire c'est que vous êtes ici.

Mais ne croyez pas avoir encore obéi au commandement divin. Notre-Seigneur vous demande de renoncer à tout bien, non seulement à la fortune, mais aussi aux biens de la nature, de l'esprit, du cœur, et même, dans une certaine mesure, de la grâce. Renoncez à la jouis-

sance de vous-même, de votre propre liberté ;
renoncez aux agréments que vous avez pu trouver dans le monde. Voilà le premier mot de la
perfection évangélique qui est appelée en Communauté la pauvreté. Ce n'est pas la moindre
des vertus. Je ne dirai pas que c'est la plus
parfaite, mais c'est celle qui introduit les âmes
dans la voie de la perfection.

Voyez un petit enfant avec ses jouets : le premier jour, il ne peut pas s'en arracher ; le
deuxième, il commence à s'en lasser, et le troisième, il n'en veut plus. Voilà en raccourci la
vie humaine, car les grandes personnes ne sont
guère autre chose que de grands enfants. A
vingt ans, à quarante ans, on a d'autres sortes
d'amusements ; mais vient toujours le moment
où l'on n'y rencontre plus de charme. On pensait y trouver son bonheur, et on n'y trouve
que malaise et lassitude. Qu'est-ce que cela
prouve ? Que jamais les choses matérielles ni
les affections terrestres ne contenteront le
cœur humain. Un quart d'heure d'oraison dans
le silence et le recueillement vous donnera
mille fois plus de contentement que toutes les
richesses de l'univers, parce que ce quart
d'heure vous donnera ce qu'il faut à votre cœur,
qui est fait pour Dieu.

Le cœur humain est ainsi fait que plus on lui retire, plus il s'attache à ce qu'on lui laisse. Il semble que sans tel livre vous n'aurez plus de dévotion ; que vous ne pouvez vous passer de telle image qui vous pénètre d'une suavité toute céleste... C'est la preuve que votre cœur y tient ; débarrassez-vous-en. Au moment de votre retraite annuelle, faites la revue de votre armoire et dépouillez-vous de tout le superflu. Il y aura quelquefois des sacrifices à faire ; mais faites-les généreusement, pour l'amour de Dieu, et il viendra un moment où vous serez tellement dégagée de toutes ces choses que, loin de vous être matière à sacrifice, elles vous seront à charge.

Si, au contraire, vous ne rompez pas dès le commencement, la disposition à accumuler, la peur de manquer, les inquiétudes et les préoccupations pour le vêtement et la nourriture, etc., s'augmenteront avec l'âge. Mais quand on s'est habitué à donner, cet esprit de dégagement se voit même dans un âge avancé. Et quelle paix il donne au moment de la mort !

La mort volontaire qui rend facile la sainte pauvreté est précisément ce qui doit être la pratique de notre vie. Mourons à toutes les choses créées, afin de vivre d'une vie nouvelle de renoncement, d'abnégation, de pauvreté ;

car qu'est-ce que l'esprit religieux ? C'est le dénûment des choses de la terre. On en fait son habitude, on arrive à pratiquer la vertu de pauvreté, et un jour on peut s'écrier en vérité : « Mon Dieu et mon Tout ! »

Saint Vincent et notre vénérable Mère l'ont dit : « Sans la pratique de la pauvreté, la Communauté ne pourrait subsister. » Pourquoi ne pas se contenter de la nourriture, de l'abri, du vêtement, de ces choses dont les pauvres se contentent ? Il leur faut si peu ! Passons-nous, autant que possible, de ce qui n'est pas le strict nécessaire. Sachons nous passer de tout, excepté de Dieu.

Jamais on n'a recherché le confortable et le bien-être comme de notre temps. Tout est rendu commode, et à force de découvertes et de progrès, on en est arrivé à n'avoir plus à se donner de peine. Voilà pourquoi il n'y a plus de vigueur ni dans les membres, ni dans les caractères ; la moindre fatigue effraie et on est tout saisi en présence du travail. C'est une tromperie ; au contraire, les gros travaux fortifient le corps, et le travail est une partie essentielle de l'esprit de pauvreté. Oui, comme les pauvres nécessiteux, les pauvres volontaires doivent gagner leur pain à la sueur de leur front.

Cette maladie vous conduira peut-être au tombeau ; il faut donc en supporter les inconvénients en préparation à la mort. Si elle n'est pas mortelle, elle est du moins destinée, dans les desseins de Dieu, à vous faire avancer dans la vertu : qu'elle vous soit donc une occasion de pratiquer la patience, la mortification, la pauvreté.

Dieu permettra peut-être qu'on ne pense pas à vous donner tel adoucissement, tel remède ; si vous êtes mortifiée, vous vous abandonnerez et vous ne demanderez pas autre chose que ce que le médecin, la sœur servante ou l'infirmière auront prescrit. Le travail obligera peut-être vos compagnes à vous quitter, à vous laisser seule ; mais n'aurez-vous pas la société de Notre-Seigneur et des anges ? Et ne devez-vous pas être traitée comme les pauvres ? Quand on leur a donné le nécessaire, on les laisse, pour revenir quand on pourra, et ils sont vos seigneurs et vos maîtres !

Prenez humblement, simplement ce qu'on vous donne, mais témoignez toujours préférer ce qui est le plus conforme à la façon de vivre des pauvres. Craignez d'être traitée en l'autre vie comme le mauvais riche si, ayant fait vœu de pauvreté et vous étant vouée au service des pauvres, vous vouliez, en santé et en maladie, être traitée à la façon des riches.

Les trésors des filles de la Charité, ce sont les croix, les épreuves, les maladies, et il ne s'opère pas beaucoup de miracles en leur faveur. Ne désirez donc pas avec ardeur, ne cherchez pas de vous-même des moyens extraordinaires de guérison comme les eaux, les pèlerinages, etc. Notre-Seigneur vous aime trop pour ne pas vous donner le meilleur, et s'il vous envoie la maladie, ne remuez pas ciel et terre pour recouvrer une santé qu'il vous a enlevée pour votre sanctification.

Saint Paul, ravi au troisième ciel, avait entrevu des choses si merveilleuses, qu'il s'écrie : « L'œil n'a point vu, ni l'oreille entendu, ce que Dieu réserve à ceux qui l'aiment. » Et moi, je ne crains pas d'ajouter : surtout aux âmes chastes, aux cœurs purs auxquels il est réservé de voir Dieu, même dès ce monde. Oui, nos sœurs, la parole humaine ne peut exprimer, l'esprit humain ne peut comprendre l'excellence et la sublimité de ce don que nous faisons à Dieu de notre corps, de notre cœur, de notre esprit ; de ce don par lequel nous renonçons à toute jouissance, à tout contact des créatures pour devenir un vase d'élection, consacré au

Seigneur, un être à part et tellement sous l'influence de la grâce qu'il est en quelque sorte transformé en Dieu.

Personnellement nous ne sommes rien, mais il est impossible d'exprimer jusqu'à quelle dignité nous élève notre saint état. Aimez donc à vous répéter souvent intérieurement : « Que je suis petite et que je suis grande à la fois ! »

Avez-vous vu de ces colonnes de marbre ou d'airain que rien ne saurait ébranler ? Voilà ce qu'est une fille de la Charité dont le cœur est tout à Dieu. Le monde entier viendrait l'assaillir que ses charmes et ses flatteries la laisseraient invulnérable : « Dieu seul est mon partage, dit-elle, je n'ai que faire de tout le reste. »

Lorsque l'obéissance l'oblige à se trouver au milieu du monde, les anges de Dieu l'entourent et la gardent. Voyez comme ils ont protégé Suzanne, Esther, Judith. Heureuses, serez-vous, nos sœurs, si vous pouvez dire cette belle parole d'Esther : « Seigneur, vous savez que votre servante ne s'est jamais réjouie qu'en vous seul ! »

Il y en a parmi vous qui disent dans leur simplicité : « Mais, si je n'écris pas, on m'oubliera ! » Voilà un grand malheur ! Mais, c'est la

chose la plus heureuse qui puisse vous arriver !
Le jour viendra où vous le comprendrez et où
vous direz : « Quel bonheur qu'on m'oublie !
Pourvu que le Seigneur pense à moi, peu m'importe tout le reste. Seigneur, vous êtes ma por-
tion et mon héritage. Oh ! que la part qui m'est
échue est précieuse ! »

Cette transformation dans vos sentiments ne
peut se faire que successivement. Mais vous ne
perdrez pas l'esprit du monde si vous conservez
des relations trop fréquentes avec les personnes
du monde. Je ne parle pas des relations néces-
saires au bien des pauvres, mais de ces relations avec des personnes que vous connaissiez
avant d'entrer en Communauté et dont le contact vous remet en mémoire les souvenirs du
passé ; il se fait alors comme un réveil de la
nature qui peut être très dangereux. Ici, au séminaire, vous adoptez avec docilité la doctrine
qu'on vous enseigne et les retranchements
qu'on vous impose. Mais le seuil de la porte
une fois franchi, comme la nature et l'esprit du
monde regagnent facilement leur empire si l'on
n'y prend garde !

Nos sœurs, ce qu'on vous apprend ici n'est
pourtant pas exagéré. C'est la doctrine de saint
Vincent, c'est donc la vérité, et vous devez en
faire la règle de toute votre vie si vous voulez
conserver intacte la fleur si délicate de la chasteté.

Quelle influence que celle d'une âme innocente le jour de sa première communion ! Il y a dans cette enfant quelque chose qui impressionne les parents les plus impies et souvent les fait revenir à la foi. Le père admire et révère la sainteté dans sa fille, et ce reflet du ciel qu'il voit en elle n'est que l'expression extérieure de la pureté qui est en son âme.

Eh bien, nos sœurs, voilà ce qui doit reluire dans l'extérieur d'une fille de la Charité, voilà l'impression qu'elle doit produire dans le monde. Si la grâce de la chasteté a semé des lis sur la terre, c'est parmi nous qu'ils doivent répandre le plus pur éclat, parce que notre vocation le demande et que nous avons tous les moyens possibles pour cela.

La chasteté réside essentiellement dans le cœur, dans l'esprit, dans les sens, et la modestie règle tout l'extérieur : elle est comme le vêtement de la personne consacrée à Dieu. C'est cette retenue virginale qui fait que tout est contenu sans raideur, sans exagération, sans crainte excessive, mais, au contraire, avec ce calme, cette sérénité qui est l'expression de la présence de Dieu dans l'âme, tandis que le trouble et l'embarras sont l'indice de la préoccupation de soi-même.

Il est dit de l'Époux dans le sacré Cantique

qu' « Il a ordonné toutes choses en son épouse »,
et c'est précisément ce qui frappe dans une personne modeste : tout son extérieur porte l'empreinte de l'ordre le plus parfait ; rien de saillant, mais une juste mesure en tout.

Pour cela, il faut de la mortification, et de nos
jours l'éducation est si molle, si efféminée qu'il
n'y a plus de tenue, et les jeunes personnes
n'ont même pas l'idée de se gêner. Et pourtant,
dans une Communauté, surtout dans la nôtre, il
est absolument nécessaire que la sainte modestie règle et contienne tout l'extérieur ; sans cela,
quand même on serait très vertueuse intérieurement, on étonnerait et on s'exposerait à scan-
daliser le prochain.

Pour arriver à posséder la modestie qui convient à une fille de la Charité, il vous faudra
observer et imiter ce qu'il y aura de mieux dans
chacune de vos compagnes. Ce sera la démarche simple et aisée de l'une : elle ne marche ni trop vite, ni trop lentement. Ce sera la
tranquillité et la modération de l'autre : jamais
elle n'a de mouvements brusques, tout est doux
et calme en elle. Vous allez dans les rues avec
une sœur ancienne, voyez comme elle va bonnement son chemin, il semble que, pour elle, il n'y
ait personne dans la rue ; si on la regarde ou
non, elle n'y prend pas garde, et cependant elle
ne heurte personne ; elle voit sans voir, de ce
regard pur, simple, sans curiosité, sans malice

ni arrière-pensée, de ce regard voilé par la sainte modestie, qui est le reflet de la pureté parfaite d'une âme toute à Dieu.

On ne peut faire un éloge plus flatteur d'une fille de la Charité que de dire : « Je n'ai pas remarqué comment elle était ; je sais que c'était une sœur et voilà tout. » C'est-à-dire, il n'y avait en elle rien de saillant ; elle n'était ni trop négligée, ni trop soignée dans son extérieur ; elle parlait sans penser qu'elle parlait, elle marchait sans penser qu'elle marchait, elle agissait enfin avec cette simplicité, cette parfaite aisance que donnent l'oubli de soi et la pureté d'intention.

L'âme d'une religieuse avec l'auréole de la simplicité, c'est la fille de la Charité.

Elles fuiront soigneusement l'afféterie au parler. Voyez, comme saint Vincent a prévu toutes choses, même ce qui n'existait pas de son temps. Nos premières sœurs étaient des filles qui parlaient et agissaient tout bonnement. En ce temps-là, on se contentait de parler pour dire ce qu'on avait à dire ; aujourd'hui, on veut bien parler. Il faut parler sciences, il faut avoir lu les grands auteurs, il faut paraître avoir des connaissances étendues sur toutes choses.

Je comprends que dans le monde on trouve plus d'agrément dans la conversation d'une personne instruite, et qu'il y ait un certain charme à échanger des pensées avec une personne intelligente; mais, en Communauté, il faut savoir faire le sacrifice de tout cela. Comme saint Paul, il faut dire : « Je ne veux savoir qu'une seule chose : Jésus-Christ crucifié! » Malheureusement il n'en est pas toujours ainsi : on tient à ses petits talents et on en fait parade. — Ah! nos sœurs, que votre conversation soit dans le ciel, et vous ne vous arrêterez pas à ces vétilles.

Le péché, c'est la révolte, c'est le trouble; l'obéissance, c'est l'ordre, c'est la paix. Pourquoi donc faites-vous difficulté de vous soumettre à la divine autorité qui plane sur le monde et surtout sur les Communautés? Pourquoi dans les circonstances qui vous semblent pénibles, ne dites-vous pas : « Mon Dieu, c'est à vous que j'obéis. Il m'en coûte, c'est vrai, mais je suis heureuse de faire pour votre amour le sacrifice de ma volonté. »

Le sacrifice, c'est l'acte par lequel Dieu reprend ses droits sur la créature, ouvrage de ses mains. Qu'est-ce que la messe? Un sacrifice! le sacrifice de Notre-Seigneur, reconnaissant, en tant qu'homme, la divine autorité de son Père, s'anéantissant en sa présence et lui obéissant jusqu'à la mort et à la mort de la croix.

*

Nous le chantions ces derniers jours : « Le Christ s'est fait obéissant jusqu'à la mort de la croix. » A son exemple, laissons-nous transpercer par le clou si dur de l'obéissance. Qu'il brise notre jugement, notre volonté. Soumettons-nous à nos supérieurs, soyons indifférentes pour les lieux, les emplois; donnons-nous entièrement à Dieu, n'ayons qu'un seul désir : accomplir sa volonté.

*

En obéissant, vous n'enchainez pas votre liberté, mais vous l'empêchez de vous écarter de Dieu qui est le souverain Bien et vous prenez de l'empire sur vous-mêmes. Vous vous mettez volontairement sous le régime de la grâce, et vous vous laissez conduire par l'Esprit Saint qui vous fera comprendre tous les jours davantage l'excellence de la vertu d'obéissance et vous aidera à la pratiquer.

*

Quand la souffrance vous cloue sur votre lit, pratiquez la douceur, l'humilité, la docilité d'esprit; obéissez au médecin et aux infirmières, et en leur personne à Dieu qui permet votre mal.

Il n'y a pas d'état plus dépendant que celui de la maladie : on a vu quelquefois des personnes très volontaires qui, en quelques semaines et même en quelques jours, ont été transformées par un séjour à l'infirmerie où elles ont été obligées de se soumettre et de reconnaître qu'elles dépendaient de Dieu.

De même un petit enfant capricieux et colère devient souple quand on l'a châtié, parce qu'il a compris qu'il n'est pas son maître. Nous sommes des enfants dans la maison du bon Dieu ; laissons donc faire notre Père, et nous aurons cet esprit doux, humble et soumis que veut la vie religieuse.

Dans les Communautés, Dieu conduit tout avec une paternelle sollicitude, et particulièrement les âmes ; mais il les conduit par la voie de la croix, voie complètement opposée à la nature, voie dans laquelle nous marchons à la suite de Jésus-Christ, le divin réparateur de la nature déchue. La vie de Communauté est donc une œuvre de pénitence, de réparation, de renouvellement ; et le plus sûr moyen de bien accomplir cette œuvre importante, c'est la fidélité à la règle, aux usages et aux pratiques inspirées par Dieu aux fondateurs.

C'est une grande grâce et un grand soutien d'avoir un saint pour fondateur. Le nôtre a fait des merveilles. L'Église les a reconnues et a placé saint Vincent sur les autels. Comment ne serions-nous pas affermies par ses enseignements et ses exemples et disposées à marcher dans la voie qu'il nous a tracée?

Ce qui est admirable dans nos saintes règles, c'est que tout y est prévu, c'est que partout saint Vincent a mis le mot, la condition, le correctif qui font que ses prescriptions s'adaptent à toutes les situations et à tous les temps.

Donc, nos sœurs, quand on vous dit que la règle veut telle ou telle chose, regardez cela comme une obligation sacrée, et ne déviez jamais de la ligne qu'elle vous trace.

Il y a dans le cœur de l'homme un besoin de réveil auquel répond l'appel des cloches. Que leur voix se fasse entendre dans la campagne, et par tous les chemins on voit les bons paysans accourir et se hâter de venir à l'église. Cette grande voix des cloches remue même ceux qui ne savent pas que c'est la voix de Dieu. Mais en Communauté, comme elle parle aux âmes fidèles et désireuses d'accomplir la divine volonté! Un coup de cloche retentit, et toutes les volontés se portent vers la même direction, et c'est à Dieu que toutes se soumettent ainsi avec empressement et avec joie! Quel beau spectacle et quelle allégresse pour les Anges!

Dans une famille, quand on pratique le support et qu'on s'entend, mais c'est un charme ! Dans la famille religieuse surtout, il faut qu'il y ait cette amabilité, cette condescendance qui prend les intérêts des autres comme les siens propres : la sœur des malades s'égaiera de bon cœur à la récréation d'une chose plaisante arrivée aux enfants, et la sœur de classe écoutera avec plaisir ce que la sœur des pauvres racontera d'édifiant et de consolant. Si la sœur de classe a besoin du secours de la sœur des pauvres qui voit peut-être les parents de ses enfants, elle le lui demandera, et sa compagne le lui prêtera charitablement, cordialement.

Les maisons où règne cette aimable condescendance sont de vrais paradis. Ayez à cœur de porter cet esprit dans celle où la Providence vous conduira. Ayez cette charité affectueuse qui cède volontiers aux autres et s'oublie pour leur rendre service. Si pour la pratiquer il faut faire un acte de renoncement, faites-le, non par une secrète inclination pour la compagne qui en est l'occasion, mais pour l'amour de Dieu. Cet exercice journalier de la condescendance vous assurera la paix avec votre entourage, et vous conduira à la parfaite obéissance que Notre-Seigneur a si bien pratiquée à l'égard de tous, même de ses bourreaux.

L'opinion qu'il faut avoir, c'est l'opinion des saints, l'opinion de la sainte Église. Celle-là, toutes doivent l'avoir. Il est impossible que chacune n'apporte pas sur certaines choses des impressions différentes venant du milieu dans lequel elle a été élevée, mais il doit y avoir en communauté une opinion chrétienne pour toutes choses. Quant aux idées particulières, il faut les garder pour soi. Si chacun se mettait à discuter, à soutenir sa manière de voir plus ou moins bizarre, mais où en serait-on? Si vos idées sont bonnes, gardez-les; si elles sont défectueuses, corrigez-les. Ne faites point étalage de vos parents, de vos relations; ne parlez pas non plus de ce qui vous regarde. Cette réserve, que commande d'ailleurs la modestie, contribue beaucoup à la concorde, à la paix. Enfin, je ne saurais assez vous répéter: « Soyez cordiales les unes pour les autres; faites tout ce qui dépend de vous pour entretenir la vraie charité. »

2

Nous lisons dans l'Évangile que, Notre-Seigneur étant entré dans la synagogue à Nazareth, un jour de sabbat, et ayant ouvert le livre des Prophètes, il lut ce passage : « J'ai reçu l'onction du Seigneur et il m'a envoyé pour prêcher l'Évangile aux pauvres. » Après quoi, il ferma le livre et s'assit pour expliquer les saintes Écritures, selon sa coutume. Eh bien, nos sœurs, voilà ce que peuvent dire les filles de la Charité : « Le Seigneur m'a choisie, il m'a enrichie de ses grâces et il m'a envoyée pour évangéliser les pauvres. » Une sœur me dira peut-être : « Je n'évangélise pas les pauvres, puisque je ne leur parle jamais. » Voilà justement ce que l'on ne comprend pas. C'est la Compagnie qui est vouée au bien des pauvres, bien spirituel et matériel; par conséquent, toutes les filles de la Charité, quel que soit d'ailleurs leur office, sont employées au service des pauvres que Notre-Seigneur évangélisait, qu'il convertissait, qu'il guérissait.

Est-ce que ses pieds sacrés qui se fatiguaient à la poursuite des pécheurs, est-ce que ses mains adorables qui les touchaient pour les guérir et les bénir, sa bouche qui les instruisait, ses oreilles qui écoutaient leurs prières et leurs plaintes, en un mot, est-ce que tout, en la personne de Notre Seigneur Jésus-Christ, ne s'employait pas pour les pauvres et les pécheurs? Oui, le corps de Notre Seigneur Jésus-Christ travaillait tout entier à l'évangélisation des pauvres, et tous ses membres y prenaient part.

Eh bien, vous êtes, et nous sommes toutes les membres d'un même corps, d'une même Communauté, qui s'emploie entièrement au service des pauvres; et par cela seul que nous sommes les membres de la Communauté, nous faisons tout ce que fait la Communauté, parce que le corps ne saurait travailler et s'employer sans les membres.

Parfois celle qui n'est pas employée directement au service des pauvres les sert mieux cependant que celle qui en est chargée, parce qu'elle remplit son office dans un esprit plus parfait d'humilité.

C'est toujours une grâce qu'on vous fait quand on vous emploie dans la Communauté à quelque chose que ce soit ; car dans la maison du Seigneur rien n'est petit, tout est grand, relevé ! Le Prophète l'a dit : « Servir Dieu, c'est régner. » C'est ainsi qu'il faut considérer les choses et attacher un grand intérêt à tout ce que l'on fait, parce que tout est pour Dieu.

Ce qui fait le mérite de nos œuvres, ce n'est pas tant les difficultés que nous pouvons éprouver à les accomplir que le degré d'amour avec lequel nous les faisons. Ce qui fait l'excellence de notre office, ce n'est pas ce que le vulgaire y voit de plus ou moins élevé, c'est la perfection avec laquelle nous nous en acquittons. Un jour, il ne vous sera pas demandé : « Quel office avez-vous rempli ? » mais : « Comment avez-vous rempli votre office ? » Oh ! alors, heureuse celle qui pourra répondre : « Seigneur, je n'ai cherché que votre gloire et votre amour ; je n'ai pas cherché mon plaisir, mais le vôtre uniquement, souverainement, constamment. »

Quand on a voulu se dévouer au service des pauvres, il faut se donner entièrement, s'assujettir, prendre sur soi le joug du Seigneur. « Mon joug est doux et mon fardeau léger », dit Notre-Seigneur ; mais seulement pour ceux qui aiment Dieu, car il devient pesant et insupportable à celui qui n'aime point. Vous devez donc vous tenir ferme au poste du devoir. Si les militaires quittaient leur poste, la place serait bientôt envahie par l'ennemi. Votre office est la place que Dieu vous a donnée à garder ; vous devez vous y tenir fidèlement, constamment au service de vos maîtres les pauvres, les servir dans toutes leurs nécessités, leurs maladies, chez eux, dans votre salle, au guichet ; il faut que votre devoir vous rive à l'œuvre à laquelle Dieu vous a appelée et que vous devez accomplir pour son amour.

Si vous vous trouvez près d'une porte avec une pauvre femme, laissez-la passer la première et tenez-vous très honorée de passer après elle. Quoique nous devions conserver une certaine dignité pour empêcher les pauvres de nous traiter trop librement, nous devons cependant les servir avec humilité comme Notre-Seigneur lui-même les a servis.

L'Étable et le Calvaire! Voilà l'état des pauvres, des malades, des mourants, de ceux qui sont dénués de tout en ce monde. Et quand on est pénétré de ces pensées, on traite les pauvres avec un saint respect. Vous leur lavez les pieds, mais ce sont les pieds de Notre-Seigneur que vous tenez entre vos mains. Vous leur rendez mille services pénibles à la nature, mais c'est Notre-Seigneur que vous honorez en eux. Vous le faites avec un sentiment profond de dévotion envers Notre-Seigneur, que vous honorez en eux, et il viendra un jour où il s'approchera de vous et vous dira : « J'avais faim, et vous m'avez donné à manger; j'avais soif, et vous m'avez donné à boire; j'étais nu, et vous m'avez vêtu. » Et vous lui direz : « Mais quand donc, Seigneur, ai-je fait ces choses? » Et Notre-Seigneur vous répondra : » Quand vous l'avez fait au plus petit d'entre les miens, c'est à moi-même que vous l'avez fait. »

Quels abîmes de miséricorde dans le cœur de Notre-Seigneur! J'ai béni Dieu bien souvent en voyant de pauvres gens exténués de fatigue, ne se souvenant plus de Dieu, arriver à l'hôpital et mourir quarante-huit heures après dans des sentiments admirables. Dans sa miséricorde, Dieu nous amène les pauvres pour qu'ils opèrent leur salut. Je vous dirai, pour votre consolation, nos sœurs, que ces faits sont souvent le résultat de la prière. Une sœur dans sa cuisine ou dans sa buanderie a prié, et c'est à ses prières que Dieu a donné cette âme.

Au grand jour des manifestations, nous verrons ces magnifiques résultats de la prière, et dès ce monde une fille de la Charité pourrait dire : « J'ai vu des merveilles ! » Le riche et le puissant du siècle ne se sauvent pas, et de pauvres gens qui ont couru les chemins toute leur vie abordent au terme et se sauvent. C'est l'effet de la miséricorde de Dieu, c'est l'effet de la prière. Aimez donc les pauvres de ce véritable amour, aimez-les avec ardeur. « Donnez-nous ces âmes, disait un saint. Mon Dieu ; donnez-nous ce que votre cœur désire. » C'est la prière de Notre-Seigneur sur la croix : « J'ai soif ! » oui, soif des âmes, soif de leur salut.

Que font les Anges ? Mais ils sont toujours occupés à exécuter les ordres de Dieu. Les neuf chœurs des Anges ont des fonctions différentes ; chacun est à la place que Dieu lui a assignée, et toujours prêt à faire ce qui lui est ordonné. Il n'y a jamais de désaccord entre eux, ce n'est pas possible. Ils sont dans l'union la plus parfaite, parce qu'ils vivent dans l'adhésion la plus parfaite à la volonté de Dieu, sans se préoccuper d'autre chose que d'accomplir cette divine volonté. De même dans nos maisons, quand on suit le mouvement de la vie ordinaire, on est dans l'admiration : chacune est appliquée à l'œuvre de Dieu ; rien ne trouble la paix, parce que tout est dans l'ordre de la volonté divine. Aussi tous les soirs nous demandons à Notre-Seigneur que les Anges habitent dans cette maison, afin que chaque chose s'y fasse à la manière des Anges, en son temps, suivant la règle.

Le temps s'écoule rapidement, amenant dans la vie de communauté des changements qui tous dans la pensée de Dieu doivent servir à notre avancement. D'abord c'est le postulat, puis le séminaire ; bientôt, pour plusieurs d'entre vous, viendra la prise d'habit ; les quatre premières années d'épreuve suivront, couronnées par la grâce des saints vœux si vous êtes fidèles et généreuses. Enfin, plus tard, chaque année, ce sera la rénovation de ces mêmes vœux.

Nos sœurs, vous qui êtes tout près de quitter

le séminaire, vous avez reçu bien des grâces
pendant les quelques mois que vous y avez
passés. Dieu vous a donné de comprendre et
de goûter de plus en plus le bonheur d'être
à lui. Ce n'est qu'un commencement, car la
grâce de la vocation est une lumière, petite
d'abord, mais qui va grandissant toujours. Elle
se conserve ici comme dans son foyer, et Dieu
en met une étincelle dans le cœur de chaque
sœur qui passe par le séminaire.

Cette étincelle, emportez-la comme un trésor.
Il faut que tout ce qui se rencontrera dans votre
vie lui serve d'aliment, afin qu'elle devienne
peu à peu un feu qui vous embrase jusqu'à ce
que, de degré en degré, de clarté en clarté,
vous arriviez au jour de la parfaite lumière.

Il en sera ainsi, nos sœurs, si vous restez
toujours de vraies sœurs du séminaire, c'est-à-
dire des sœurs bien régulières, entièrement à
Dieu et tout abandonnées à sa très sainte
volonté, en esprit d'anéantissement et de sacrifice.

FIN

www.ingramcontent.com/pod-product-compliance
Ingram Content Group UK Ltd.
Pitfield, Milton Keynes, MK11 3LW, UK
UKHW021910070726
13613UKWH00001B/445